TALASSOTERAPIA em Casa

UM GUIA PARA A SAÚDE

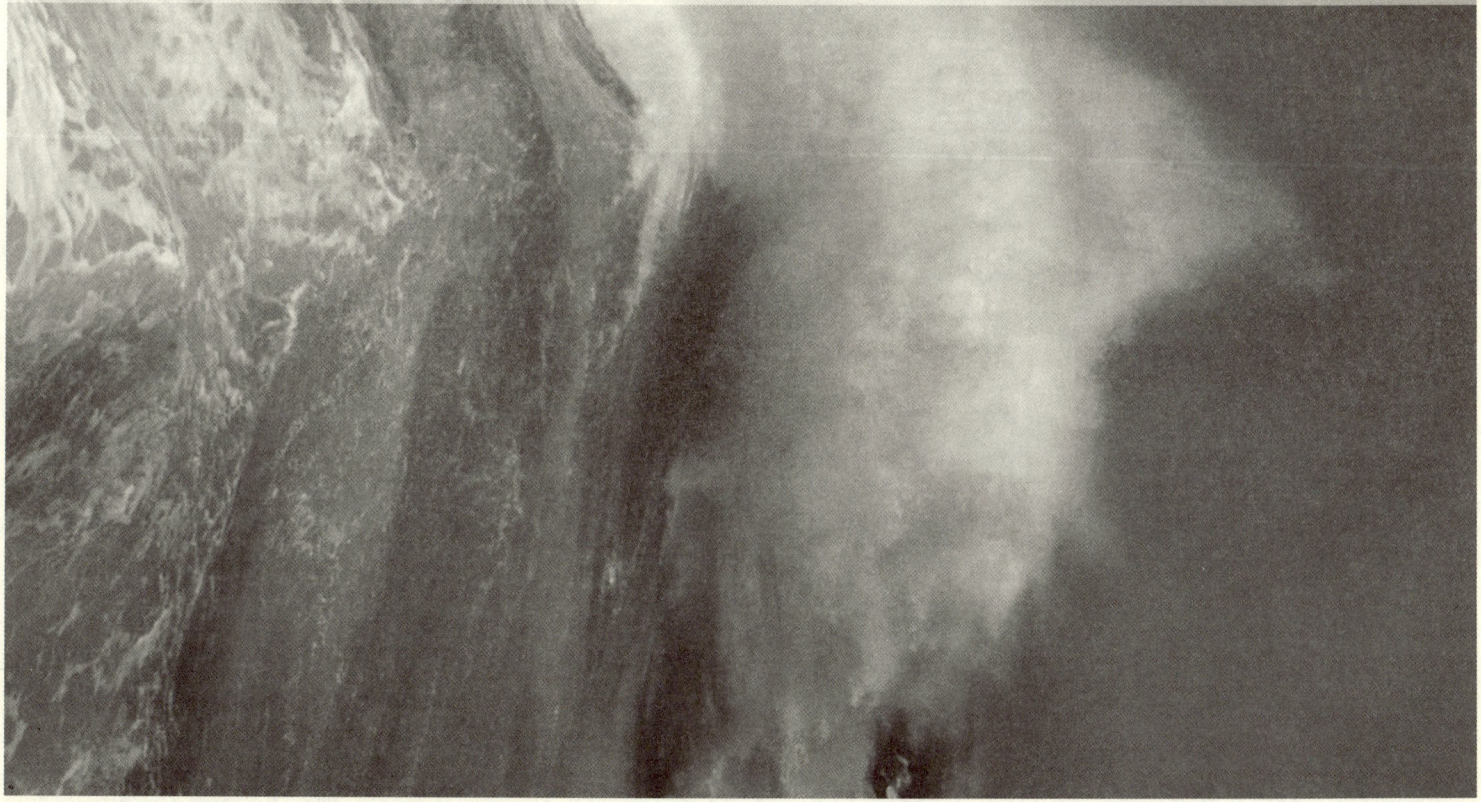

Angelika Eder

TALASSOTERAPIA em Casa

Tradução
LUIZ A. DE ARAÚJO

EDITORA PENSAMENTO
São Paulo

Título do original: *Thalassotherapie für zu Hause.*

O primeiro número à esquerda indica a edição, ou reedição, desta obra. A primeira dezena à direita indica o ano em que esta edição, ou reedição, foi publicada.

Edição	Ano
1-2-3-4-5-6-7-8-9-10	03-04-05-06-07-08-09-10

Direitos de tradução para o Brasil
adquiridos com exclusividade pela
EDITORA PENSAMENTO-CULTRIX LTDA.
Rua Dr. Mário Vicente, 368 — 04270-000 — São Paulo, SP
Fone: 272-1399 — Fax: 272-4770
E-mail: pensamento@cultrix.com.br
http://www.pensamento-cultrix.com.br
que se reserva a propriedade literária desta tradução.

Impresso em nossas oficinas gráficas.

Sumário

O Mar, Antiga “Fonte de Saúde”

DA ANTIGÜIDADE À IDADE MÉDIA

O que o filósofo grego Platão, a rainha de Sabá e o estilista Karl Lagerfeld têm em comum? O que une os cosmetólogos de hoje a Hipócrates, o famoso médico da Antigüidade? Todos eles confiavam ou confiam na força curativa do mar, que é uma fonte inesgotável de beleza e saúde para o homem. Ao contrário dos produtos da moda, que, como ensina a experiência, não têm senão a carreira efêmera das "poções mágicas", o mar é reconhecido há milênios como um "médico natural". Aqui se incluem o clima e a qualidade do ar litorâneo, assim como as correntes marinhas de todo o mundo e muito mais. Todos esses fatores são utilizados pela terapia do mar, fundada há cerca de 250 anos, na Inglaterra, pelo médico Richard Russel (1700-1771) e hoje conhecida como "talassoterapia". Essa expressão — divulgada pelo médico francês La Bonnadière a partir de 1867 — é definida no *Pschyrembel*, o dicionário da medicina, como "o uso terapêutico dos fatores estimulantes próprios do litoral: o clima (os raios solares, os aerossóis), os banhos (a água salina, as ondas)", igualmente empregados — e com muito maior abrangência hoje em dia — nos cosméticos, que também se utilizam da força curativa do mar. A história dos banhos destinados à conservação ou à recuperação da saúde é tão antiga quanto a humanidade. Na Antigüidade européia, a cultura balnear floresceu sobretudo entre os gregos e os romanos. Há dois mil anos, o já mencionado médico e cientista Hipócrates (460-377 a.C.) falava, na escola de medicina de Cós, sobre os efeitos da água do mar. Em seu tratado *Águas, Ares e Lugares*, encontram-se tratamentos especiais para as moléstias cutâneas, o reumatismo e a dor ciática. Naquela época, já se conhecia o efeito antiinflamatório da água do mar nos emplastros, nos banhos frios e quentes e nas inalações. Também os antigos guerreiros muitas vezes curavam as feridas com água do mar.

Do mesmo modo, os romanos souberam valorizar o poder curativo da água do mar. Plínio, o Velho (23-79 d.C.), militar, estadista e sábio, dedicou-se muitas vezes, em sua *História Natural*, à enciclopédia do conjunto do conhecimento da Antigüidade, aos "tesouros" da saúde proporcionados pelo mar; assim, ele descreve, por exemplo, "como produzir água do mar em pleno continente, 1 remédio" e "como preparar a água do mar com mel, 1 remédio". Nesse caso, trata-se do *talassomel*, uma espécie de laxante. Outras cabeças brilhantes da Antigüidade, inclusive alguns dos primeiros adeptos da talassoterapia, como Eurípedes (480-406 a.C.) e Platão (427-347 a.C.), sustentavam que "o mar purificador elimina todo mal" ou "o mar lava o corpo de todos os incômodos". Com as campanhas militares das legiões romanas, as termas se difundiram por outras regiões da Europa, assim como na Ásia Menor e no Norte da África, sendo que sobreviveram à queda do Império Romano, por exemplo, no "banho turco". Com as cruzadas, esse tipo de banho voltou a se disseminar pela Europa. No entanto, ao retornarem, os cruzados trouxeram consigo não só o banho turco como também a lepra, que fez com que as casas balneares brotassem feito cogumelo. Na Paris de 1290, havia mais de duas dúzias de banhos públicos; constata-se ademais que, nos séculos XII e XIII, semelhantes instalações existiam também em Hamburgo e em Colônia. Entre outras coisas, era nos "banhos" que se aplicavam ventosas e se faziam outros tratamentos médicos, assim como o corte de cabelo e da barba, motivo pelo qual ainda hoje eles são erroneamente confundidos com meras "barbearias". As "estâncias balneárias" medievais baseavam-se nos conhecimentos da Antigüidade, como o humorismo, por exemplo, que até boa parte da Idade Moderna representou uma das bases essenciais da medicina. Segundo essa doutrina, os humores do corpo, sua mistura, seu movimento e seu equilíbrio determinariam a doença ou a saúde da pessoa. Supõe-se que a duração dos banhos chegava a até dez horas diárias. O sucesso do tratamento manifestava-se numa forte erupção cutânea, que era considerada a "prova" de que todas as substâncias nocivas tinham sido eliminadas. As estâncias eram bastante divertidas: nessa época de prazeres sensuais, homens e mulheres distraíam-se com "música ao vivo", refeições e jogos sobre pranchas flutuantes.

THALASSO NA IDADE MODERNA

Com as epidemias do fim da Idade Média, os banhos públicos desapareceram. Contribuíram para isso principalmente a peste negra ou bubônica e a sífilis, uma doença sexualmente transmissível. Na época, atribuía-se a causa das epidemias exclusivamente à água contaminada. Sob a influência da Reforma, no início do século XVI, as atividades balneárias praticamente desapareceram devido às rigorosas imposições morais. E, nos períodos barroco e rococó, é sabido que se preferia o pó-de-arroz aos banhos. Finalmente, nos séculos XVII e XVIII, verificou-se um renascimento das práticas balneárias.

Surgem os primeiros banhos de mar

Com o início do século XVIII, apareceram moléstias que a medicina explicava com a mudança das condições de vida de grande parte da população. Essa constatação se verificou primeiro na Inglaterra em virtude do desenvolvimento econômico muito mais precoce que nos demais países europeus. Para a época, Londres já era uma grande cidade, na qual numerosos seres humanos viviam aglomerados em espaços restritos e em péssimas condições de higiene. A alimentação deficiente e a contaminação da água potável também contribuíam para a disseminação da subnutrição e das doenças infecciosas. Isso deu um novo significado à cultura balnear da Antigüidade e à busca do aumento da resistência física mediante banhos de água fria. Inauguram-se balneários à beira dos rios e, por fim, nos anos 30 do século XVIII abriram-se, em Scarborough e Brighthelmstone, posteriormente conhecida como Brighton, os primeiros balneários litorâneos. Foi o já mencionado inglês Richard Russel quem descobriu que os filhos dos pescadores sofriam mais raramente da muito disseminada escrofulose, uma infecção tuberculosa dos gânglios linfáticos que freqüentemente afeta a pele com abscessos e fístulas.

De acordo com uma superstição antiqüíssima, somente a mão do rei podia abrandar essa moléstia considerada incurável. Por esse motivo, Russel ganhou muita notoriedade com o sucesso de seu tratamento. Ele sintetizou os abrangentes estudos da terapia com a água do mar, a água potável e os banhos num livro publicado, em 1750, sob o título *Sobre a Infecção Glandular ou sobre o Uso da Água do Mar no Tratamento das Moléstias Glandulares*. Por sua vez, e por diversos motivos, o resultado das pesquisas encontrou um solo particularmente fértil: em parte, porque os médicos ingleses eram menos fixados em determinadas doutrinas que no resto da Europa; em parte, porque as idéias de Rousseau sobre a importância do estilo de vida e da educação naturais contribuíram para o seu êxito. Com esse livro epigrafado com o acima citado lema de Eurípedes, ele fundamentou a talassoterapia e ficou conhecido, no mundo da medicina, como "*l'inventeur de la mer*" (o inventor do mar). Além das chamadas moléstias glandulares, Russel tratou das doenças da pele, da anemia, da prisão de ventre e de outras enfermidades. Foram igualmente de grande importância no desenvolvimento da talassoterapia as investigações clínicas sobre o efeito dos banhos de mar que o médico Buchan divulgou, em 1818, em sua obra *Treatise on Seabathing*. Também ele preconizou os banhos no tratamento das crianças afetadas pela escrofulose, assim como no combate às infecções crônicas e ao catarro.

Em conseqüência dessas descobertas, construiu-se, em 1796, o primeiro hospital marítimo do mundo em Margate, no Sul da Inglaterra, que conta hoje com inúmeros sucessores.

As cabines dotadas de rodas

Em Margate, o escritor alemão Georg Christoph Lichtenberg passou, em 1875, "os dias mais agradáveis de sua vida" e conheceu uma novidade que possibilitava às pessoas "distintas" fazer o "tratamento do mar de Russel" sem se expor aos olhares curiosos: as cabines dotadas de rodas. Lichtenberg o descreve de modo pitoresco no artigo "Por que a Alemanha ainda não tem um grande balneário marítimo público?": "*Embarca-se num veículo de duas rodas, uma carroça, na qual está montada uma casinha de madeira provida de bancos dos dois lados. Esse veículo, que não difere muito de um carroção, tem duas portas, uma voltada para o cavalo e o cocheiro, à frente, e a outra, para trás. Nela há cômodo espaço para quatro a seis pessoas que se conhecem, e até um lugar para brinquedos, quando necessário. Na parte traseira está fixada uma espécie de toldo que se pode erguer ou baixar. Quando o veículo, que nos balneários é chamado de máquina* (machine), *está estacionado no seco, o toldo fica suspenso por uma corda que passa pelo telhado da casinha e vai até o cocheiro. Na porta traseira há uma escadinha móvel, porém muito firme, que não chega a tocar o solo. Acima dela está fixada uma corda comprida, na qual a pessoa medrosa ou que não sabe nadar pode se segurar ao mergulhar. Nessa casinha, as pessoas se despem enquanto o cocheiro as conduz para o mar. No lugar indicado, que ele sabe perfeitamente encontrar, medindo pelo cavalo a profundidade adequada, a qual trata de manter, na cheia ou na vazante [...] avançando ou recuando um pouco, arma-se o toldo. Então, ao abrir a porta traseira, o banhista despido se vê numa bela e bem protegida tenda de pano, cujo piso é o próprio mar, aonde a escada leva. Segurando a corda com ambas as mãos, ele então desce. Para mergulhar, basta ajoelhar-se sem soltar a corda, como fazem os soldados da primeira fila ao abrir fogo; depois o banhista volta a embarcar, veste-se durante o trajeto de volta e assim por diante.*

Na praia, cabines dotadas de rodas protegiam dos olhares curiosos

Os balneários do litoral europeu

A partir da Inglaterra, entre meados e o fim do século XIX, a talassoterapia foi se estabelecendo em grande estilo em toda parte em que os países europeus contavam com estâncias de cura no litoral.

Na Itália, que a partir de 1842 passou a dispor de um sanatório à beira-mar em Viareggio, intensificou-se esse tipo de terapia de 1875 em diante; o mesmo aconteceu na costa iugoslava. A Holanda inaugurou instituições semelhantes em Zandvoort, em 1866, e em Scheveningen, em 1880. Na Alemanha, Samuel Gottlob Vogel, um professor de medicina de Rostock e amigo de

Lichtenberg, contou com o patrocínio do grão-duque von Mecklenburg-Schwerin para construir o primeiro balneário à beira-mar em Doberan-Heiligendamm. Em 1797, inaugurou-se o Balneário Norderney, cujo estilo foi imitado até 1855 em Wangerooge, Spiekeroog, Helgoland, Langeoog, Borkum e Westerland. Os primeiros banhos públicos nacionais, calcados no modelo inglês, surgiram em 1866 na costa alemã do Mar do Norte, em Norderney e Wyk auf Föhr. Isso significa que a Alemanha começou bastante tardiamente a tratar, no litoral, de crianças e adultos doentes, muito embora já se conhecesse perfeitamente o efeito curativo do mar.

Também na França, o atual eldorado da talassoterapia, o tratamento de enfermos à beira-mar, afirmou-se muito lentamente. Lá, um médico de Montreuil que perdera dois filhos em conseqüência da meningite tuberculosa criou, em 1857, a possibilidade de tratar crianças com tuberculose e escrofulose no litoral francês, em Berkc-sur-mer. Seu surpreendente sucesso fez com que a administração parisiense construísse um sanatório litorâneo em Berck. A preocupação social, como notaram Haeberlein e Goeters no livro *Grundlagen der Meeresheilkunde* [Fundamentos da talassoterapia], foi a linha mestra dessa modalidade terapêutica em todos os povos e países. Segundo eles, a higiene infantil nasceu à beira-mar.

Finalmente em 1899 o médico Louis Bagot fundou o primeiro Centro de Cinetalassoterapia (cinético = relativo ao movimento) no Balneário Roscoff, na Bretanha. Porém, só décadas mais tarde a talassoterapia se tornou verdadeiramente popular na França.

A terapia se converte em lazer

Na Inglaterra, os banhos de mar tiveram um incremento muito mais precoce que no continente. Ficaram cada vez mais em voga entre os aristocratas, que vinham perdendo o gosto pela permanência nas instituições de cura devido à presença de um número crescente de burgueses ricos. As instalações terapêuticas transformaram-se totalmente em centros de veraneio quando também a corte descobriu sua predileção pelas temporadas à beira-mar. Outro fator importante para o desenvolvimento dos balneários litorâneos foi a construção de redes ferroviárias, também bastante prematura na Inglaterra. Já em meados do século, a facilidade de transporte possibilitava, mesmo aos habitantes menos abastados das cidades, viajar ao litoral.

Na Alemanha, as praias registraram, a princípio, um número muito menor de visitantes: esse é o caso das instituições terapêuticas de Binnenland, onde a aristocracia e uns poucos burgueses ricos se encontravam. A partir de 1873, o primeiro trem com vagão-leito, entre Berlim e Ostende, estimulou pouco a pouco o turismo litorâneo. Como os carros balneários já não conseguiam atender ao número crescente de banhistas, decidiu-se construir recintos de madeira, na maior parte dos quais os sexos permaneciam rigorosamente separados. Surgiram assim os "balneários familiares", onde se desenvolveu uma vida praiana até então desconhecida. Aos poucos as casas de saúde se transformaram em centros turísticos. Esse desenvolvimento levou à construção de novos balneários — sobretudo na Inglaterra — que constituíam unidades completas, com um centro terapêutico, um grande hotel e um cassino. A vista do mar era absolutamente indispensável; o passeio na praia, o ponto central da vida balnear durante o dia. Os antigos banhos, pelo contrário, tinham origem nos vilarejos de pescadores ou camponeses situados longe do mar, em locais mais retirados. Muitos médicos se opuseram à transformação das casas de saúde em centros de lazer, pois achavam que a terapia era prejudicada pela intensa vida social, sobretudo pelos bailes. Aliás, há milênios que a literatura aponta outros perigos oferecidos pelos banhos. Há dois mil anos, Ovídio chamou a atenção para o perigo de perder o coração durante a terapia. E acusou as fontes de destruírem o amor verdadeiro. E Lichtenberg escreveu, durante sua estada em Margate, que lá "como em todos os lugares onde há banhos, as pessoas recuperam um pouco da saúde e perdem totalmente o coração". O "amor de praia" tem uma longa tradição.

A descoberta do clima marítimo

Enquanto as instituições terapêuticas adquiriam pouco a pouco uma nova aparência, a medicina continuava pesquisando no campo da talassoterapia. Assim, Friedrich Wilhelm Beneke conseguiu provar, mais ou menos na virada do século, que o fator terapêutico número um é o clima litorâneo. Em 1881/1882, arriscou a experiência de passar o inverno em Norderney com 47 adultos e 6 crianças; graças ao seu sucesso, conseguiu promover a construção dos acima mencionados sanatórios do Mar do Norte. Em 1880, Hermann Weber escrevera pela primeira vez que o êxito da terapia dependia de um contato de várias semanas com a brisa do mar: pura, salgada, em constante movimento, sempre úmida e temperada.

A Talassoterapia Moderna

O CLIMA LITORÂNEO E A ÁGUA SALGADA

Desde então, o efeito terapêutico natural do mar vem sendo investigado permanentemente. E não admira que, numa época tão mais voltada para a força curativa da natureza, a talassoterapia tenha sido redescoberta.

Na França, o florescimento da talassoterapia se iniciou sobretudo na metade do século XX — graças ao apoio de um atleta famoso. Louison Bobet, três vezes vencedor do Tour de France, tendo sofrido um ferimento e passado, sem sucesso, por prolongados tratamentos, finalmente foi transferido para Roscoff, onde o êxito terapêutico foi espantoso. Entusiasmado, o ciclista inaugurou seu próprio centro terapêutico. A essa altura, a França já contava com mais de quarenta centros de talassoterapia no litoral, visitados anualmente por mais de duzentas mil pessoas. A talassoterapia é recomendada tanto no tratamento sintomático quanto no preventivo. É aplicada no combate às enfermidades cutâneas e reumáticas, à fraqueza dos tecidos, à obesidade etc. E ajuda as pessoas sem problemas médicos especiais a restabelecerem os mecanismos normais de defesa e equilíbrio. Aqui sobretudo dois fatores têm um papel importantíssimo: o clima litorâneo com o aerossol e os banhos de água salgada. Estes sofreram uma transformação fundamental em comparação com os do passado. Via de regra, a água do mar é aquecida até atingir a temperatura do corpo para que os sais minerais e os elementos-traços, ou micronutrientes, penetrem melhor a pele. Além disso, a água morna tem efeito analgésico e provoca, além da sensação de falta de peso, um bem-estar especial.

Tão importante quanto os banhos salgados é a brisa do mar, que contém minerais extraordinariamente benéficos para a mucosa das vias respiratórias. Na vazante, devido ao vento e às ondas, cerca de trinta por cento da solução salina se volatiliza, ou seja, transforma-se em gotas. Enquanto as maiores tornam a cair no mar, as menores ficam em suspensão no ar e podem ser inaladas. Essa mistura de ar com as gotículas nele suspensas chama-se aerossol. Ao serem aspiradas, essas gotículas chegam às vias respiratórias. Elas têm uma concentração de sal maior que a do sangue. Em conseqüência dessa diferença de concentração, a água emigra dos espaços entre os diferentes órgãos para a mucosa do aparelho respiratório e, juntamente com a água inalada, mantém a sua umidade. Além disso, a solução salina estimula a irrigação sangüínea das vias respiratórias.

O aerossol aspirado à beira-mar passa pela mucosa do nariz e da boca e vai diretamente para a circulação linfática. Desse modo, o corpo também recebe importantes elementos-traços.

Naturalmente, o clima estimulante, a maresia e o delicioso ambiente do litoral não atraem unicamente enfermos a essas instituições terapêuticas. Pelo contrário, todo ano milhares de pessoas sadias viajam à costa e aproveitam as férias para se reabastecer corretamente. As temporadas no clima marítimo do norte europeu têm um efeito especial sobre o metabolismo e a termogênese e elevam a pressão sangüínea. A recuperação é muito mais rápida em comparação com as regiões sulistas. Nos primeiros dois ou três dias, muita gente sente um grande cansaço e uma grande necessidade de dormir, além de uma agradável sensação de calor. Para outros, a mudança de clima pode provocar nervosismo, dor de cabeça ou palpitação. Mesmo assim, contribui para uma rápida recuperação. O professor de medicina Hans-Jürgen Holtmeier escreve, em *Gesundheit aus dem Meer*

[Saúde que vem do mar], que uma viagem de quinze dias ao litoral do norte da Europa tem um efeito recuperador equivalente ao de uma estada de um mês na costa sulista.

Felizmente, é possível gozar da força curativa do mar não só no litoral, mas também em casa. Hoje em dia, dispomos de todo o necessário a uma talassoterapia entre as nossas quatro paredes: do sal do mar, da lama e dos produtos cosméticos com sedimentos marítimos, passando pelos emplastos de lama para as moléstias reumáticas, até a água do mar original para beber ou inalar.

DICA

Por favor, antes de iniciar a talassoterapia caseira, atente para o seguinte:

1. Leia com atenção as informações do fabricante sobre os possíveis efeitos nocivos dos produtos. É o que se recomenda sobretudo no uso dos derivados de algas, que apresentam uma enorme capacidade de acumulação.
2. Consulte seu médico antes de iniciar uma talassoterapia, por mais controlada que seja.
3. Os produtos que contêm iodo não são recomendáveis em casos de hipertireoidismo, pressão alta, febre, distúrbios circulatórios; também as grávidas devem evitá-los, assim como as pessoas com alergia ao iodo.
4. Mesmo no uso dos "tesouros do mar", vale o princípio: o excesso faz mal.

RELATO: TODA VIDA VEM DO MAR

À beira-mar e no mar, o homem está totalmente em seu elemento. Tal fato nada apresenta de extraordinário para quem leva em conta que a vida, no nosso planeta azul, provém da água. Cerca de 71 por cento da terra está coberta de água; 95 por cento da nossa provisão total é de água salgada e constitui os oceanos, sendo que a maior parte dos cinco por cento restantes está presa nas calotas polares. O restante distribui-se em córregos, rios, pântanos e lagos ou se acha literalmente em circulação nas nuvens. Aliás, neste contexto, é interessante notar que uma molécula de água permanece, em média, 3.850 anos no mar antes de participar da circulação da água terrestre mediante a evaporação na superfície. Note-se também que a reduzidíssima proporção de água doce não deixa dúvidas quanto ao enorme valor da água potável nem sobre a necessidade de que o homem reflita sobre o significado desse elemento tão desigualmente distribuído no planeta. No que diz respeito à vida, hoje em dia não resta a menor dúvida de que ela se desenvolveu na água. Está provado que certos organismos conseguem sobreviver sem luz e oxigênio, mas que sem água nenhuma forma de vida é possível a longo prazo. A água é a matéria primordial de todas as coisas. Os cientistas sustentam a tese de que os primeiros organismos foram bactérias surgidas no fundo do mar há cerca de 3,5 bilhões de anos. Sendo as precursoras de todos os organismos que se seguiram, elas criaram as condições para o surgimento da vida tal como a conhecemos. O pesquisador da natureza Charles Darwin preconizou essa teoria em sua obra A Origem do Homem. *Os anfíbios se desenvolveram como os primeiros animais capazes de vi-*

ver na água e na terra. Ao contrário de seus ancestrais, os peixes, eles tinham pulmões. Seguiram-se então os répteis e os sáurios, as aves, os mamíferos e, finalmente, o pongídeo e o homem. Entre as diversas teorias sobre a origem e o desenvolvimento do homem, figura a chamada Teoria da Água, que explica as inúmeras diferenças entre os pongídeos e os homens pela adaptação vitalmente necessária daqueles ao mar. Só com o recuo da água eles retornaram à forma de vida adequada à terra firme. E as alterações desenvolvidas no curso da evolução, no tocante à forma do corpo, às aptidões etc., estimularam a propagação do homem.

Muitas características do corpo humano indicam que o nosso organismo provavelmente já esteve adaptado à vida aquática: por exemplo, a escassez de pêlos, a camada de gordura sob a pele, a forma do corpo ou a composição do soro sangüíneo, assombrosamente parecida com a da água do mar. Quem descobriu isso foi o francês René Quinton, que há cerca de cem anos fez uma experiência com seu cachorro que hoje pareceria bastante estranha e engraçada: dissolveu-lhe o sangue com água do mar. Tendo observado que o animal sobreviveu, não tardando em produzir hemoglobina — isto é, o pigmento dos glóbulos vermelhos —, ele concluiu que a água do mar devia ter uma composição parecida com a do sangue. De certo modo, todo homem leva uma pequena porção do oceano nos fluidos do corpo, dos quais fazem parte, além do soro sangüíneo, a linfa e a lágrima.

Confirma-o, além disso, o desenvolvimento do embrião na água, que, ao nascer, ainda conta com o reflexo do mergulho: quando lhes molham o rosto, os lactentes fecham as vias respiratórias e reduzem a freqüência cardíaca e a pressão arterial, situação na qual o recém-nascido possivelmente se sai bem, juntamente com o reflexo de agarrar, inclusive no parto dentro da água, muito comum entre os nativos da Terra do Fogo. Quer se adote essa teoria, quer não, o fato é que mais de cinco sextos da evolução dos seres vivos ocorreu na água salgada, ou seja, seres vivos marítimos que resultam de 3,5 bilhões de anos de evolução contínua, ao passo que as formas de vida da terra não têm senão uma história de poucas centenas de milhões de anos.

Também é um fato que a água significa vida para o homem. Mais de 85 por cento do embrião e de 75 a oitenta por cento do lactente são constituídos de água. Com o avanço da idade, essa proporção diminui. No adulto, ela corresponde, em média, a sessenta por cento do peso do corpo. Na velhice, chega a cerca de cinqüenta por cento, pois a massa muscular, rica em água, diminui, ao passo que o tecido gorduroso, pobre em água, permanece inalterado ou aumenta. A proporção de água na mulher é um pouco menor porque ela — muitas vezes para a sua contrariedade — tem mais tecido gorduroso pobre em água. A nossa dependência da água fica também comprovada pela conhecida regra segundo a qual o homem suporta trinta dias sem alimento sólido, mas não vive mais de três sem água. Para conservar estável o nosso equilíbrio hídrico, devemos ingerir diariamente uma quantidade suficiente de líquido: cerca de 2,5 litros. Basta uma perda de três por cento da água do corpo para que a produção de urina e a secreção de saliva diminuam. Uma perda de cinco por cento pode provocar alterações no ritmo cardíaco e o aumento da temperatura, e, com uma perda de dez por cento, o homem fica desamparado e não consegue caminhar sem ajuda. A partir de uma perda de quinze a vinte por cento, a vida corre perigo.

A principal função da água é a de dissolver e transportar os nutrientes, as enzimas, os hormônios e os produtos do metabolismo. Sem ela, o bolo alimentar não passaria pelo aparelho digestivo, o alimento não se decomporia; sem ela, os nutrientes não seriam absorvidos nem transportados aos órgãos e células pela linfa e pelo sangue. Até nove litros de líquido passam diariamente pelo aparelho digestivo, os quais o corpo utiliza na produção de sucos gástricos. Só o rim precisa de cerca de 1,5 litro de água para segregar os produtos do metabolismo, como a uréia e o ácido úrico, e também os minerais e vitaminas excedentes. Se o organismo receber pouca água durante muito tempo, ocorrerão a estagnação dos produtos do metabolismo no sangue e a deterioração dos rins.

Por outro lado, a água tem um papel importante na conservação do equilíbrio térmico: mediante a sua evaporação, perde-se calor. O homem adulto evapora aproximadamente um litro de água por dia pelos mais de dois milhões de poros sudoríparos e pelos pulmões. Se beber pouco, aumenta a concentração de sais minerais no sangue, cujo volume ao mesmo tempo se reduz. A sensação de sede se manifesta mais cedo nas crianças e muito mais tarde nos adultos que, via de regra, são capazes de "se ressecar", pois a maioria toma diariamente bem menos que os 2,5 litros de água recomendados pelos médicos na forma de sucos diluídos ou de chá de ervas. "Portanto, não existe", como explica o Dr. Albert Szent-Györgyi, que descobriu a vitamina C, "nenhuma vida sem água, pois ela é o componente mais elementar da vida."

A COMPOSIÇÃO DA ÁGUA DO MAR

Voltemos à água do mar. Cerca de 99 por cento de sua composição total é de sais diluídos ou de seus iônios. A quantidade total dos iônios resulta numa salinidade de aproximadamente 34,7 por cento, isto é, 34,7 gramas de sal num litro de água do mar. Nas regiões quentes, essa concentração é mais elevada que a média mundial, pois nelas as precipitações são menores que o índice de evaporação. Assim, o Mediterrâneo oriental apresenta 37 gramas de sal/litro, o Mar Vermelho, 40 gramas. O Mar Morto, com seus cerca de 300 gramas/litro, não deve ser incluído nessa comparação, pois ele não é propriamente um mar, mas uma falha geológica. Uma parte reduzidíssima da quantidade total de iônios forma elementos-traços. Aqui se incluem, por exemplo, o silício, que é indispensável à constituição da membrana das diatomáceas, mas também substâncias sem nenhuma importância para o metabolismo dos seres vivos marítimos, como, por exemplo, o ouro. A reserva de ouro do Mar do Norte é de aproximadamente 220 mil toneladas. Por mais animador que isso pareça, a verdade é que o mar conservará esse tesouro, pois a sua extração é inviável a custos tecnicamente aceitáveis. O poder curativo do mar reside na sua composição acima mencionada e baseia-se em sua concentração. O ser humano precisa, diariamente, de determinados elementos-traços e substâncias minerais numa composição determinada. E a água do mar os contém numa proporção muito semelhante à composição do nosso sangue.

Sal de Banho Mineral Tomesol do Mar Morto

Aparência	sal branco
Consistência	granulada
Cátions	
Sódio	74.300 mg/kg Na^{+}
Potássio	162.000 mg/kg K^{+}
Amônio	310 mg/kg NH_4^{+}
Magnésio	102.000 mg/kg Mg^{2+}
Cálcio	1.760 mg/kg Ca^{2+}
Estrôncio	175 mg/kg Sr^{2+}
Manganês	6,8 mg/kg Mn^{2+}
Ferro	45 mg/kg Fe^{2+}
Ânions	
Flúor	35 mg/kg F^{-}
Cloro	557.000 mg/kg Cl^{-}
Bromo	5.100 mg/kg Br^{-}
Iodo	14 mg/kg I^{-}
Sulfato	460 mg/kg SO_4^{2-}
Bifosfato	34 mg/kg HPO_4^{2-}
Bicarbonato	770 mg/kg HCO_3^{-}
Carbonato	2.430 mg/kg CO_3^{2-}
Soma	906.440 mg/kg
Substâncias indissociáveis	
Ácido meta-silícico	3.450 mg/kg H_2SiO_3
Componentes sólidos diluídos	909.890 mg/kg

Restante: Umidade ou água de cristalização e elementos-traços indeterminados. Análise conforme o DEV ou a Norma DIN nas respectivas versões mais recentes.

Análise: Chemisches Untersuchungs-Labor Dr. Lörcher

Quantidade de Minerais e Elementos-traços em 1 kg de Água do Mar

Cátions		**Quantidade em mg**
Sódio	Na^+	11.070,0
Potássio	K^+	416,0
Amônio	NH_4^+	0,3
Lítio	Li^+	0,16
Magnésio	Mg^{2+}	1.339,0
Cálcio	Ca^{2+}	418,0
Estrôncio	Sr^{2+}	6,9
Ferro	Fe^{3+}	0,034
Ânions		**Quantidade em mg**
Cloro	Cl^-	19.920,0
Bicarbonato	HCO_3^-	176,0
Bromo	Br^-	69,3
Flúor	F^-	1,2
Iodo	I^-	0,05
Sulfato	SO_4^{2-}	2.777,0
Bifosfato	HPO_4^{2-}	0,08
Soma dos Íons		36.194,0

Análise: Institut Fresenius, 1988

As substâncias minerais

A medicina passou muito tempo concentrada nas vitaminas e em outras substâncias necessárias à vida, tendo voltado um tanto tardiamente a atenção para os minerais. Atualmente, porém, está comprovado que os sintomas de carência de minerais são muito mais disseminados que as enfermidades condicionadas pela carência vitamínica. Os minerais, que sem o solvente e meio de transporte água seriam totalmente inúteis, são considerados macronutrientes quando ocorrem numa concentração superior a 50 mg/kg do peso do corpo. A única exceção é o ferro que, apesar de ocorrer numa concentração de 60 mg/kg do peso do corpo, é considerado um elemento-traço.

Os macronutrientes são, pois:

- o sódio
- o potássio
- o cálcio
- o magnésio
- o cloro
- o fósforo e
- o enxofre

Apesar da gigantesca oferta de alimentos, nem sempre o abastecimento humano de substâncias minerais é adequado. Isso se deve, em parte, a uma nutrição unilateral, assim como ao tratamento especial dado aos produtos industriais e, ademais, baseia-se no fato de que apenas uma parte mínima das substâncias minerais é absorvida pelo corpo como alimento. A carência de substâncias importantes para a vida pode levar a distúrbios graves. No entanto, como hoje em dia muita gente, orientando-se pelo lema "Muito ajuda muito", acredita que é possível compensar com comprimidos carências supostas ou comprovadas, cabe assinalar que, em virtude do efeito recíproco das substâncias minerais, isso resulta em desequilíbrios.

O sódio

Regula o equilíbrio hídrico, a pressão osmótica e o equilíbrio ácido/base. Sem este mineral, o nosso corpo não armazenaria água, não moveria os músculos nem sentiria dor.

A carência de sódio costuma ser corriqueira. Já se falou muito nas conseqüências do excesso de sal na comida, coisa que muitas vezes levou a demonizá-lo. É preciso apenas ressaltar que os cardíacos e os enfermos dos rins devem ingerir pouco sal, pois o sódio fixa a água no corpo: apenas oito a dez gramas retêm nada menos que um litro!

Se, apesar da quantidade que diariamente ingerimos escondida nos produtos industriais, surgirem sintomas de carência, estes podem se manifestar na forma de desânimo, fadiga, cãibras, náuseas e pressão baixa.

Necessidade diária de sódio, conforme a Deutscher Gesellschaft für Ernährung (DGE)[(*)]: 550 mg. Via de regra, bastam 5 g de sal de cozinha (cloreto de sódio).

Abaixo, relacionamos alguns alimentos conforme a quantidade de sódio que apresentam:

- baixa quantidade, isto é, menos de 100 mg/100 g: frutas, legumes, verduras, batata, iogurte, cereais;
- quantidade média, isto é, 100-1000 mg/100 g: pão integral, embutidos, peixe do mar, ovos, aves;
- alta quantidade, isto é, acima de 1000 mg/100 g: azeitonas, Sticksy, pepino em conserva, arenque salgado, presunto defumado, salame.

O potássio

Faz com que o coração bata de modo constante, favorece o funcionamento dos nervos e dos músculos e contribui para a manutenção da pressão osmótica. Por fim, é importante na síntese das proteínas e ativa diversas enzimas etc.

Até noventa por cento do potássio é eliminado pelos rins; de cinco a dez por cento, pelos intestinos, a saliva e o suor (cerca de três por cento). Os sedentários perdem naturalmente mui-

(*) Sociedade Alemã de Nutrição.

to menos potássio pela transpiração que os trabalhadores braçais ou os atletas.

Entre os sintomas típicos de carência, que se podem manifestar, por exemplo, em decorrência do uso abusivo de laxantes, figuram a fraqueza e a paralisia musculares, os distúrbios do ritmo cardíaco, a falta de ar e a prisão de ventre.

São os seguintes os alimentos ricos em potássio: o levedo de cerveja, o chocolate, os legumes, o cogumelo e as frutas secas.

Via de regra, as pessoas sadias, com bom funcionamento renal, não correm perigo com a ingestão excessiva de potássio.

Ingestão de potássio recomendada pela Sociedade Alemã de Nutrição (DGE): 200 mg.

O cálcio

Esta substância mineral tem especial importância na coagulação do sangue e na constituição dos ossos e dos dentes, que a ele devem a sua firmeza. Além disso, controla os estímulos musculares e nervosos, ativa as enzimas etc.

A sua deficiência leva o corpo a retirá-lo dos ossos, o que pode vir a provocar a osteoporose na terceira idade. Ademais, pode levar a convulsões. A carência de cálcio detectada em uma entre três crianças, em um entre quatro adolescentes e em uma entre cinco mulheres tem diferentes causas. Em geral, comem-se poucos legumes e laticínios ou se toma pouco leite. O chocolate, o chá, o café e a Coca-cola dificultam a absorção do cálcio pelo intestino. Por outro lado, esta piora, a partir da menopausa, devido à redução da produção de estrogênio, hormônio que ajuda a controlar o equilíbrio do cálcio.

Os seguintes alimentos contêm cálcio: o leite e os laticínios em geral, as nozes, o repolho branco, o espinafre, o brócolis, a salsa, os produtos integrais, a aveia. As pessoas sadias não absorvem cálcio além do necessário.

Ingestão de cálcio recomendada pela Sociedade Alemã de Nutrição (DGE): 800-900 mg.

O magnésio

Sem o magnésio, cerca de trezentas enzimas perderiam o efeito e o funcionamento do nosso organismo ficaria comprometido. Sem o magnésio, o corpo não conseguiria decompor a glicose, nem transformar as proteínas e os carboidratos, nem transportar os estímulos nervosos. O músculo do coração deve a ele o seu bom funcionamento. Além disso, o magnésio inibe a coagulação do sangue, de modo que, no pós-operatório, costuma ser administrado para evitar a trombose e, juntamente com seu efeito redutor da gordura do sangue, ajuda a evitar o infarto.

A carência de magnésio pode, entre muitas outras coisas, provocar tremores, sobreexcitação e graves espasmos que muitos conhecem e temem na forma de cãibras noturnas.

Além disso, o magnésio é importante não só para o homem como também para a fauna e a flora; nas vacas, a falta de magnésio provoca a chamada paralisia agitante, e, nas plantas, causa a morte. Em média, somos suficientemente abastecidos de magnésio. Todavia, a alimentação rica em gordura e proteína, o excesso de açúcar, o abuso do álcool, a transpiração excessiva e também o estresse, como se sabe, podem resultar em carência. Via de regra, a dose extra de magnésio é eliminada nas pessoas sadias, com bom funcionamento dos rins. Entre os alimentos de elevado teor de magnésio figuram os cereais, diversos tipos de legumes, as nozes, o leite e os produtos integrais.

Ingestão de magnésio recomendada pela Sociedade Alemã de Nutrição (DGE): 300-400 mg.

O cloro

Está contido no sal de cozinha (cloreto de sódio). Ver "O sódio".

O fósforo

O fósforo tem muita importância para os ossos e os dentes, regula o equilíbrio ácido/base e, além de ser essencial à constituição das membranas celulares, é um grande transmissor de energia. Sem o fósforo, não haveria energia, não haveria combustão, não haveria atividade muscular.

A deficiência de fósforo ocorre nas regiões convulsionadas e de subnutrição, acarretando o amolecimento dos ossos, pois o organismo passa a retirar o fósforo dos ossos.

Na Europa, a carência praticamente não existe, pois o fósforo está presente em praticamente todos os alimentos.

Normalmente, as pessoas sadias não têm por que temer nenhum dano oriundo do excesso de fósforo.

Ingestão de fósforo recomendada pela Sociedade Alemã de Nutrição DGE: 1200 a 1400 mg.

O enxofre

O enxofre faz parte da composição dos aminoácidos cisteína, cistina e metionina, imprescindíveis à construção da proteína do próprio organismo. Sem o enxofre, o funcionamento do sistema nervoso, do coração e do intestino ficaria prejudicado pela falta de vitamina B, não haveria a biotina e a ceratina, importantes para a pele, o cabelo e as unhas, faltaria o hormônio insulina, que reduz os açúcares do sangue, faltaria a coenzima A, decisiva no metabolismo energético etc. Os alimentos não contêm praticamente nenhum sulfato, ou seja, o sal do ácido sulfúrico, e ele não pode ser absorvido pelo organismo. Só mediante a decomposição dos aminoácidos que contêm enxofre é que surge o sulfato no organismo. A mostarda, o rábano, o rabanete, a cebola, o alho-poró e o alho contêm óleo de mostarda, muito rico em isocianatos. Estes têm efeito antibiótico e são muito úteis, por exemplo, nas enfermidades das vias respiratórias e urinárias.

As combinações ricas em enxofre das couves em geral ativam as enzimas próprias do organismo que neutralizam ou possibilitam a eliminação das substâncias cancerígenas. Por isso, na alimentação, recomenda-se a presença freqüente da couve, da couve-flor, do repolho branco ou roxo e do brócolis. Na Europa, em geral, não se pode falar numa deficiência de enxofre capaz de se manifestar em distúrbios do crescimento.

Até o presente, não há uma recomendação oficial concernente à ingestão de enxofre.

Os elementos-traços

É graças aos elementos-traços que nós crescemos adequadamente e temos paladar, olfato e audição. Sem eles, a produção de sangue se paralisaria; sem eles, o sistema imunológico ficaria debilitado; sem eles, não funcionaria a desintoxicação do organismo. Entre os elementos-traços mais importantes para a vida estão:

- o cromo
- o ferro
- o iodo
- o cobalto
- o cobre
- o manganês
- o molibdênio
- o selênio e
- o zinco

O ferro e o zinco têm função importantíssima no combate aos radicais livres, que prejudicam o sistema imunológico, desencadeiam o câncer e aceleram o processo de envelhecimento. Estudos recentes indicam que a carência de elementos-traço é bem maior do que se supunha. Na Áustria, uma pesquisa detectou carência de zinco e/ou selênio em 74,5 por cento dos 1.750 pesquisados na Grande Viena. Como o iodo tem um papel muito especial na talassoterapia, será o único elemento-traço que examinaremos mais detidamente.

O iodo

Na Alemanha, a carência de iodo é o problema de saúde pública número 2, depois da cárie dentária. Antigamente, no norte do país, as doenças da tireóide eram muito mais raras que nas regiões alpinas, coisa que se atribuía à maior quantidade de iodo no solo e no ar, assim como à ingestão mais freqüente de peixe. Hoje em dia, entretanto, também lá se registra um grande número de casos de bócio. É provável que isso se deva à diminuição do consumo de peixe. Assim, na Alemanha, muita gente sofre de carência de iodo. Isso resulta de uma quantidade muito reduzida de iodo natural na alimentação, coisa que, por sua vez, se deve ao fato de as enxurradas, na última glaciação, terem levado o elemento-traço do solo para o mar. Assim, em conseqüência da pobreza do solo em iodo, os produtos animais e vegetais apresentam uma quantidade relativamente reduzida desse importantíssimo elemento-traço. Ao contrário dos outros países europeus, a Alemanha não tomou nenhuma precaução quanto a isso; o consumo do sal iodado da antiga Alemanha Oriental diminuiu em quase vinte por cento. Porém, com o Segundo Decreto de Alteração das Orientações sobre o sal de cozinha iodado, do fim de 1993, criaram-se condições favoráveis à generalização do uso do sal iodado. Em virtude da muito disseminada deficiência de iodo, introduziram-se em mais de cinqüenta países o sal e os alimentos iodados em geral. Com isso, no espaço de quinze anos, a freqüência das moléstias da tireóide recuou para três por cento da população da Suíça e da Áustria. A carência de iodo pode levar desde ao aumento da tireóide até o hipertireoidismo. Essa glândula segrega hormônios que regulam a temperatura do corpo, o equilíbrio hídrico, o consumo de oxigênio, assim como a função do sistema nervoso central. Além disso, influencia o metabolismo do carboidrato, das gorduras e das proteínas. O seu mau funcionamento retarda todas as etapas do metabolismo. Leva à prisão de ventre, à hipersensibilidade térmica, à fadiga constante, ao desânimo, à disfunção erétil, assim como ao ressecamento da pele. A hiperatividade, pelo contrário, provoca a aceleração de todas as etapas do metabolismo. Passamos a sentir inquietude, insônia, aceleração do pulso, transpiração excessiva, diarréia e perda do apetite. (Nos casos de acidentes nucleares, recomendam-se comprimidos de iodeto de potássio, pois uma tireóide adequadamente abastecida de iodo só absorve de dez a vinte por cento do iodo da alimentação ou do radioativo, ao passo que uma tireóide com carência chega a absorver noventa por cento. Entre os alimentos ricos em iodo figuram:

- o peixe
- o leite e
- os produtos naturais com sal iodado, cujo consumo é recomendado pelos motivos acima citados.

A necessidade de iodo é tão elevada que, para supri-la, nós deveríamos comer cinco a seis refeições com peixe por semana. Com três litros de leite, absorvemos apenas cem miligramas de iodo. Por outro lado, as grávidas e os lactantes precisam de muito mais iodo. Em caso de carência, o bebê está sujeito a já nascer com problemas da tireóide. Além disso, no mundo há mais de vinte milhões de deficientes mentais devido à carência de iodo da mãe durante a gravidez.

Ingestão de iodo recomendada pela Sociedade Alemã de Nutrição DGE: 180-200 µg;

no caso das grávidas: 230 µg.

IMPORTANTE

Não se aconselha de modo algum a automedicação com iodo, pois o hipertireoidismo pode resultar tanto do seu excesso quanto da sua carência. Além disso, o iodo, como qualquer outro elemento-traço, embora benéfico em quantidade adequada, pode ser tóxico em dosagem excessiva. Também aqui vale o conhecido provérbio: "A dose faz o veneno".

Formas de Emprego da Talassoterapia

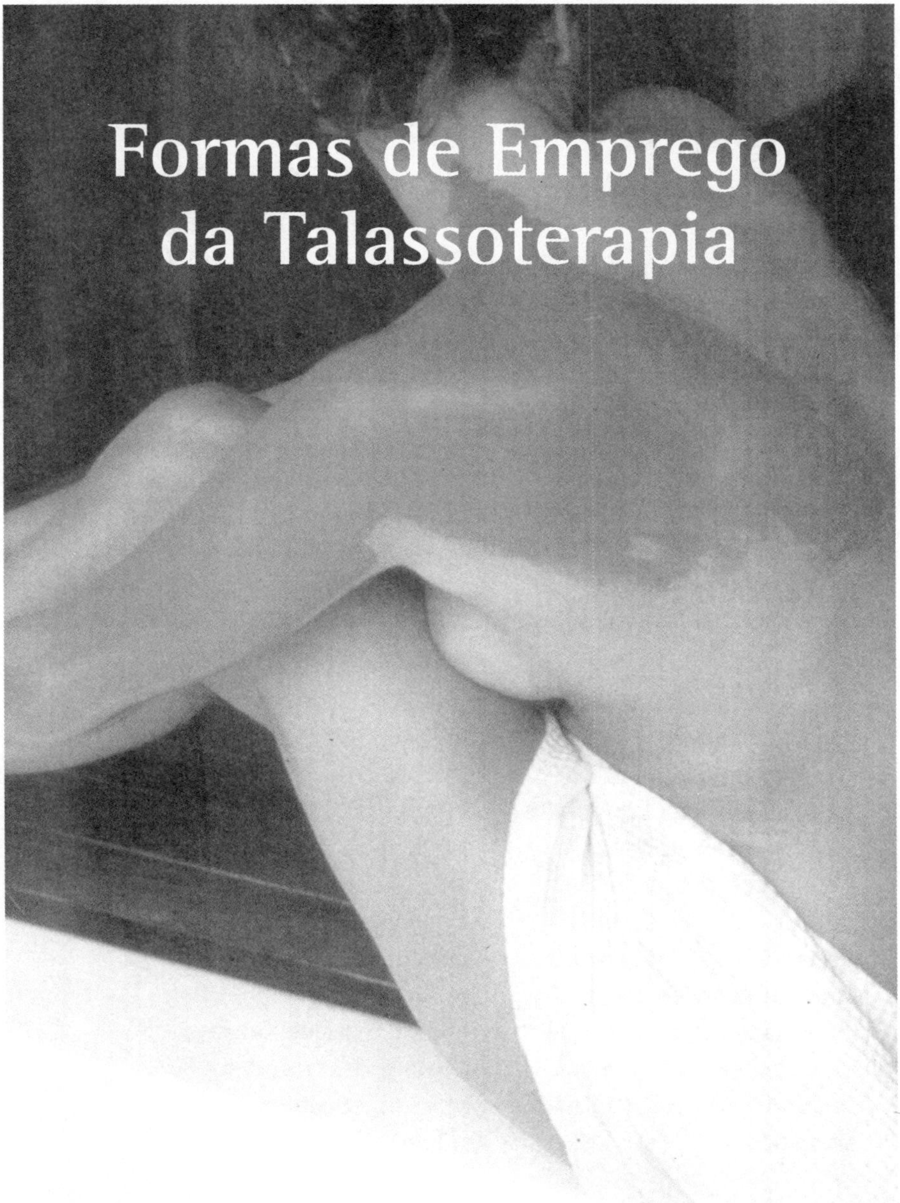

A ÁGUA DO MAR

A extração

A água do mar é usada nos mais diversos ramos da medicina: tanto contra as doenças respiratórias quanto no combate às moléstias cutâneas ou às do sistema nervoso vegetativo. A extração e o preparo dos produtos originais para banhos, compressas, ingestão terapêutica e inalação (estéril) estão sujeitos a normas rigorosas.

De acordo com a Arzneimittelgesetz (AMG)[*], a água do mar, a salina e os chamados pelóides, lodo e lama só podem ser utilizados como medicamento quando se destinarem a curar doenças, dores, danos físicos ou distúrbios patológicos. Segue-se que as empresas que extraem a matéria-prima e preparam os medicamentos acima citados são necessariamente farmacêuticas e, conforme o § 13 da AMG, precisam estar devidamente autorizadas.

No Mar do Norte e no Báltico, procede-se à extração direta, por meio de uma bomba aspiradora nas profundezas do alto-mar, ou mediante a filtração do material do solo próximo do litoral. Uma etapa essencial do preparo da água do mar e da salina é a pré-filtragem. Antes de mais nada, a bomba aspiradora deve ser feita de modo que nenhum peixe, siri ou alga entre na tubulação. As partículas de tamanho médio, as algas miúdas e a areia são re-

[*] Lei dos Medicamentos.

movidas por meio de filtros de aço inoxidável ou de latão. Segue-se então a peneiração fina com um filtro de quartzo. A água é purificada diariamente por retrolavagem e revolvida com ar comprimido. Chega a fase da conservação "inteligente". Depois de filtrada ela é acumulada em depósitos, nos quais se tomam precauções contra a reprodução maciça dos germes. Para tanto, recorre-se, várias vezes por dia, à troca de recipientes, todos eles sem reentrâncias nem cantos, e ao fluxo contínuo da água armazenada, que passa permanentemente por novas filtragens. Por fim, ela é esterilizada mediante a radiação ultravioleta. Em todo caso, imediatamente antes da inalação, a água do mar e a salina são novamente esterilizadas. Para mais informações sobre o tema "Inalação", ver o capítulo "A Brisa do Mar", na página 76.

Solução de água do mar para pingar no nariz

Nos casos de ressecamento crônico (atrofia) da mucosa, estão disponíveis — inclusive nas farmácias — remédios para pingar no nariz com uma solução especial de água do mar. Nos resfriados alérgicos, os anti-histamínicos (medicamentos contra as alergias) e os corticóides tópicos conseguem, quando muito, atenuar os sintomas piores, com a desvantagem de também provocar efeitos colaterais, entre eles, a atrofia da mucosa do nariz. No exemplo de uma criança de 11 anos, publicado numa revista especializada de medicina, ficou demonstrado que só a aplicação dessa solução de água do mar em semelhante afecção — que passou anos sendo tratada sem sucesso — levou a uma melhora significativa. O tratamento de cerca de duzentos pacientes provou, além disso, que o mal-estar da rinite alérgica diminuiu bastante com a lavagem com água do mar isotônica.

A água do mar no tratamento dos ferimentos

Como os guerreiros da Antigüidade, logo depois da II Guerra Mundial, época em que faltavam medicamentos e ataduras, os soldados alemães tinham suas feridas muitas vezes tratadas com água do mar. O dr. Otto Hoins, que entre 1946 e 1960 foi diretor do Hospital Municipal de Westerland auf Sylt, fala da experiência que adquiriu com os curativos com água do mar. Seu ponto de partida foram os relatos de velhos marinheiros que tinham sido bem-sucedidos tratando feridas infeccionadas com banhos de mar. O dr. Hoins constatou os grandes resultados obtidos, em casos de queimaduras, cortes de operações recentes e supuração óssea, graças ao tratamento com 3,2 por cento de água do Mar do Norte. Com o tempo, esse tratamento foi sendo substituído pelos antibióticos, que são bem mais seguros porque, se surgissem complicações após o uso de semelhante remédio natural, os médicos às vezes enfrentavam sérias dificuldades.

A ingestão terapêutica da água do mar

Em 1937, quando o comerciante de Bremen Walter Brachmann apresentou, pela primeira vez, uma bebida terapêutica feita de água do mar, a "Água do Mar de Helgoland", o mundo acadêmico se recusou a levá-lo a sério. Hoje, já se comprovou plenamente que a sua confiança no baú de tesouro do mar estava plenamente justificada; a partir da sua iniciativa, surgiu a Biomaris — Bebida Terapêutica de Água do Mar. Àqueles que desejarem fazer uso das propriedades curativas da água do mar, na forma de terapia de ingestão, todas as clínicas especializadas do Mar do Norte e

IMPORTANTE

As pessoas com pressão alta, problemas cardíacos ou renais, úlceras estomacais ou intestinais, assim como as gestantes, não devem se submeter à terapia de ingestão de água do mar.

do Mar Báltico oferecem água do fundo do mar em suas cantinas. De Baltrum a Wangerooge, de Burg auf Fehmarn a Travemünde, pode-se beber beleza e saúde. Porém, o líquido salgado não provém do Mar do Norte, mas da corrente marinha gelada do Atlântico Norte. Recomenda-se uma ingestão diária de no máximo 100 ml de água do mar: três copos com uma mistura de uma parte de água do mar e duas de suco, refrigerante ou água doce. Essa diluição é necessária em virtude da excessiva concentração de sal e também porque a quantidade de sulfato de magnésio teria um forte efeito laxante. Quanto mais água do mar não diluída se ingerisse, tanto mais água o organismo teria de retirar dos órgãos a fim de eliminar o excesso de sal pelos rins. Isso acabaria provocando uma "desidratação" total e a morte. O tratamento com água do mar diluída deve durar pelo menos três semanas, embora se possa estender por vários meses. É útil na eliminação das toxinas e favorece o funcionamento do fígado e dos rins. Às vezes, ajuda até a perder uns quilinhos. Paralelamente, também ataca a celulite, já que estimula o metabolismo.

Conforme escreve o dr. Holtmeier, professor da Universidade de Stuttgart, no já mencionado livro *Gesundheit aus dem Meer*, esse tratamento é particularmente bom devido às substâncias minerais do mar, que representam um importante complemento alimentar e, além disso, têm um considerável valor para a saúde. Não há necessidade de viajar ao litoral para fazer o tratamento de ingestão da água do mar com todas as vantagens que oferece. A empresa Biomaris, cujo fundador descobriu as qualidades terapêuticas da "Água de Hegoland", entrega em domicílio a água do mar em frascos.

IMPORTANTE

Por medida de segurança, convém que todos consultem um médico antes de iniciar uma terapia de ingestão de água do mar.

Creme de água do mar para a pele

Hoje em dia, a experiência do efeito curativo da água do mar e do clima litorâneo nos ferimentos e nas moléstias cutâneas vem sendo utilizada também nos cosméticos. Atribui-se o efeito benéfico da água do mar ao fato de os sais depositados na camada superior da pele fixarem a umidade. Com isso, eles contribuem para a conservação da capacidade de hidratação da cútis. Os sais são constantemente removidos — pela lavagem, por exemplo —, mas podem ser renovados com o uso de cosméticos que contenham água do mar. Esse conhecimento foi aplicado, entre outras coisas, no desenvolvimento de um creme cutâneo cujo principal substrato inicial é a água do Atlântico, que favorece a fixação da água e a hidratação das células da epiderme. Em diversas séries de testes, realizados em clínicas dermatológicas, o creme se revelou eficaz. Alguns pacientes foram submetidos inclusive à chamada experiência das duas metades (do antebraço), em que se trata cada qual com um produto diferente: uma parte com o creme original, a outra com um creme de composição semelhante, mas sem a água do mar. Ambos os preparados suscitaram uma visível melhora na biópsia; no entanto, o creme com água do mar foi bem mais eficaz no tratamento da vermelhidão e da coceira. Ficou comprovada a sua influência positiva contra a tendência à inflamação e à irritabilidade da cútis. Graças a esse creme, foi possível praticamente normalizar o pH da pele sem grande esforço. As pessoas com pele excessivamente seca, irritável ou sensível beneficiam-se com esse preparado que reúne em si toda a riqueza do mar em substâncias minerais e elementos-traços.

O SAL MARINHO

Como o sal — na pele ou na embalagem que chega até a nossa casa — nos permite desfrutar os efeitos positivos da talassoterapia? O sal marinho é obtido mediante a evaporação da água do mar. Na Bretanha, por exemplo, há mais de mil anos que se extrai o sal do mar. Lá, nas proximidades de Mesquer e Guerande, existem salinas de quase dois mil metros quadrados, nas quais, de junho a setembro, "retiram-se" mais de dez mil toneladas de sal marinho bruto. Nelas, a água do mar canalizada passa, num ritmo de quatorze dias, por diversos tanques rasos comunicantes e escalonados. Com a evaporação da água, surge o hidrossol que, enfim, se cristaliza. Até 79 por cento dessa substância natural — absolutamente livre de produtos químicos — compõe-se de cloreto de sódio, ao passo que os 21 por cento restantes são constituídos de substâncias minerais e elementos-traços. Tudo isso é oferecido para o tempero dos alimentos e também é processado, entre outras, pela indústria de cosméticos.

Graças à aplicação do sal marinho, o tecido se livra de toxinas e melhora o equilíbrio da pressão osmótica das células. Além disso, ele é usado no tratamento das doenças das articulações e nos distúrbios da irrigação sangüínea.

São certamente muitos os motivos que levam uma pessoa a tomar um banho de mar. No entanto, durante a permanência num balneário medicinal, além do clima, o teor de sal da água tem um papel bastante importante. Nesse aspecto, é grande a diferença entre o Atlântico, o Mar do Norte, o Mar Báltico e o Mar Morto. Como se sabe, a concentração de sal do Mar Morto é muito mais elevada que a do Mar do Norte ou mesmo a do Mar Báltico: ele oferece de 280 a 330 gramas por litro (!), ao passo que as águas do Mar do Norte e do Atlântico contêm apenas 35 gramas por litro (ver página 30).

O Mar Morto

Rico em propriedades medicinais naturais

O professor M. Gichon, da Universidade de Tel Aviv, afirma que, na Antigüidade, o clima e a geologia muito contribuíram para tornar a região do Mar Morto uma fonte importantíssima de matéria-prima para a indústria farmacêutica e de cosméticos. Jericó, o centro urbano da região, é conhecida como a cidade mais antiga do mundo. Seus habitantes já preparavam produtos farmacêuticos e cosméticos à época de sua fundação, entre 9000 a.C e 7000 a.C. É também o caso dos antigos habitantes das proximidades de En Gedi: "Nenhum outro motivo, a não ser as admiráveis propriedades medicinais do Mar Morto e das fontes termais e minerais vizinhas, teria conseguido estimular o ser humano a fixar-se numa região tão inóspita".

Tampouco surpreende que uma das plantas medicinais provavelmente mais caras da Antigüidade, a hamamélis, tenha sido cultivada nessa região. Ela deve ter feito parte da lendária riqueza do rei Salomão. As escavações na cidade de En Gedi levaram à descoberta de instalações do que se poderia chamar de uma "fábrica farmacêutica". É bem provável que, na época, os trabalhadores tivessem a obrigação de manter em sigilo os seus conhecimentos sobre o cultivo e o preparo das plantas medicinais, pois uma inscrição do século V a.C. diz que aquele que revelar esse segredo será amaldiçoado.

Outro produto muito usado da região era a lama que subia do fundo do Mar Morto à superfície. Com ela e outros ingredientes, preparava-se um ungüento usado no tratamento da pele e de determinadas moléstias oculares. Essa matéria era tão cobiçada que, no período helênico, empreenderam-se duas campanhas para a conquista do Mar Morto. O general comandava a exploração da lama e o aproveitamento dos produtos do mar. Posteriormente, um povo do Noroeste da Arábia construiu piscinas nas regiões costeiras e em Jericó. As fontes lá existentes eram usadas como estâncias de cura. As "artesas de evaporação", nas rochas da praia, levam a concluir que lá se extraíam o bromo, o iodo etc. das águas do Mar Morto.

Durante o governo de Herodes, o reino se expandiu, ampliando-se a extração de matérias-primas. Nessa época, surgiu pelo menos um estabelecimento dedicado ao preparo de produtos medicinais e cosméticos, que foi escavado pelo prof. Gichon, revelando dispositivos para triturar, moer, prensar, cozinhar, destilar etc. Algumas amostras indicam que, para o transporte, os produtos eram "embalados" com a ajuda do lodo natural.

A riqueza da região acabou chamando a atenção de Cleópatra, que, mais ou menos em 33 a.C., incitou Marco Antônio a conquistar o Mar Morto e colocá-lo à sua disposição. É bem possível que ela desejasse aquelas águas interiores não só como fonte lucrativa de riqueza e poder, mas também como uma espécie de poço de saúde e beleza.

Como poço de saúde, utilizaram-no finalmente os leprosos dos séculos V e VI. Os peregrinos relatavam: "À tarde, eles se banham nas fontes termais próximas e, com a graça de Deus, freqüentemente são curados".

O sal do Mar Morto

O sal do Mar Morto é bem diferente dos outros sais marinhos. Esse mar entre Israel e a Jordânia já se destaca claramente devido à sua situação geográfica: é o maior acúmulo fechado de águas interiores da Terra e, como fica quatrocentos metros abaixo do nível do mar, é também a maior depressão terrestre.

Pedra recoberta por uma crosta de sal à beira do Mar Morto

Suas preciosas substâncias minerais provêm de antiqüíssimas fontes subterrâneas que parecem inesgotáveis. A reserva de sal acumulada durante milênios satura o mar, cuja água se destaca pela elevadíssima concentração de minerais e elementos-traços e continua intacta no que se refere à poluição industrial e da navegação. Um litro contém, em média, trezentos gramas de sal que, no entanto — em comparação com o teor da água dos outros mares —, conta com uma quantidade relativamente pequena de sal de cozinha (cloreto de sódio). Em compensação, a concentração de **bromo**, ao qual se atribui a propriedade de acalmar os nervos, é cerca de cinqüenta vezes superior, e a de **magnésio**, que, entre outras coisas, tem efeito antialérgico e antiinflamatório, é aproximadamente quinze vezes mais elevada. Também o **sódio** presta importantes serviços à pele, à medida que estimula a sua irrigação, e tem um papel significativo no transporte de energia e nutrientes às células do corpo. Tanto quanto o sódio, o **cloro** contribui para conservar a quantidade necessária de água nas células, o que significa manter a pele hidratada. O **potássio** melhora o metabolismo, estimula o crescimento das células e, além disso, regula o equilíbrio hídrico. O **cálcio** complementa a quantidade de substâncias minerais nas células e descansa a pele. Não admira, pois, que há milênios essa fonte inesgotável de beleza e bem-estar tenha sido cobiçada pelos poderosos e haja desencadeado guerras de conquista. Foi ela que, também há milênios, estimulou o preparo de produtos medicinais e cosméticos.

RELATO: SOBRE O BANHO EM GERAL

Seja de beleza, seja medicinal, um banho de banheira tem componentes mecânicos, térmicos e químicos que estimulam as propriedades "autocurativas", ou seja, que mobilizam o nosso "médico interior". As influências mecânicas (o empuxo, a pressão hidrostática, a viscosidade) fazem parte das propriedades básicas do banho. Segundo a lei hidrostática fundamental, também chamada princípio de Arquimedes, uma pessoa imersa pesa pouco mais que a quantidade de água que seu corpo desloca. Isso significa que o empuxo reduz o peso do corpo, o que, por sua vez, lhe facilita os movimentos. Essa "falta de peso" também faz bem para as articulações.

Mesmo numa banheira, a pressão hidrostática é assombrosamente elevada. Resultaram das medições de uma pessoa submetida a um teste que, num banho, as dimensões do peito se reduzem em até 3,5 cm; as do ventre, em nada menos que 6,5 cm. Por conseguinte, o corpo é literalmente pressionado, e as diferentes relações de pressão agem também sobre os órgãos internos. Assim, por exemplo, os músculos respiratórios se fortalecem, pois, na água, é um pouco mais difícil inspirar. A respiração avança barriga adentro, ou seja, também as partes inferiores do pulmão são "arejadas", não só as superiores, como de costume. Ao mesmo tempo, o diafragma é pressionado para baixo, o que resulta numa verdadeira massagem interna na barriga.

Enfim, a água morna dilata os vasos, aumentando a irrigação sangüínea, e as células cutâneas são estimuladas a intensificar o metabolismo. Além disso, os banhos quentes relaxam e acalmam os músculos, de modo a abrandar os nervos excitados.

Por fim, a temperatura da água estimula os processos metabólicos, quer dizer, os banhos quentes elevam a temperatura do corpo e, a partir de determinadas temperaturas — como a da febre —, podem, por exemplo, prejudicar as bactérias do resfriado.

Naturalmente, é possível aumentar os mencionados efeitos medicinais por meio de complementos. Pelos motivos já citados, obtém-se um resultado muito especial com o sal marinho, pois, conforme o tipo de composição da água, o corpo humano é duplamente influenciado: o fluxo de iônios, entrando e saindo, beneficia a pele; por outro lado, a absorção de determinadas substâncias pelo corpo provoca reações estimulantes e agradáveis.

O sal marinho na medicina

Sendo a água do Mar Morto famosa pelo valor medicinal, milhares de pessoas viajam anualmente à região do Jordão para tratar do reumatismo ou das moléstias cutâneas sem o uso de medicamentos, ou seja, exclusivamente com os banhos de mar e o sol. A eficácia do tratamento das doenças da pele com minerais também ficou comprovada numa experiência realizada pelo Departamento de Farmacologia da Universidade Hadassah, em Jerusalém. Algumas gotas de água contendo sal marinho, aplicadas à pele de pacientes afetados por psoríase, levaram a uma reconstituição quase total das células do local tratado. Isso indica que os minerais dos sais do Mar Morto normalizam a formação excessivamente acelerada das células da pele. Portanto, essas extraordinárias águas interiores são uma verdadeira bênção para um sem-número de pessoas. Quando se leva em conta que, só na Alemanha, mais de quinze milhões de pessoas sofrem de moléstias cutâneas, vinte milhões, de enfermidades reumáticas, e cerca de um milhão, de asma, é fácil compreender por que Heidemarie Lammert, em seu livro sobre o sucesso medicinal da região, chama o Mar Morto de "fonte da esperança". Para quem não quer ou não pode empreender uma viagem para lá, como, por exemplo, os que não suportam o calor da região — a temperatura média, em agosto, chega a 35°C, com uma precipitação anual de apenas 50-100 mm —, uma clínica especializada da Alemanha oferece a água e as condições da luz do Mar Morto. Tudo é adaptado num sistema patenteado, isto é, os banhos de hidrossóis são aplicados juntamente com a terapia de radiação ultravioleta. A vantagem dessa combinação está em que os minerais dissolvidos no hidrossol provocam um processo de hidratação que torna a pele mais propensa à absorção da radiação ultravioleta. No "Mar Morto alemão", tanto quanto no autêntico, são tratadas moléstias co-

As águas do Mar Morto são famosas por suas propriedades medicinais, particularmente contra as moléstias cutâneas

mo a psoríase, a neurodermatite, o eczema crônico, o vitiligo, a ictiose e, naturalmente, também as enfermidades das articulações. *En passant*, as radiações compensam a escassez de luz solar que impera no país durante o inverno, neutralizando-lhe os efeitos depressivos!

Banhos salinos contra os males cutâneos

Combinados com as radiações ultravioleta, os banhos salinos também são empregados no tratamento das moléstias cutâneas. Eles não se limitam ao sal do Mar Morto, incluindo naturalmente o de outros mares, como por exemplo o do Atlântico. Paracelso já preconizava esse tipo de banhos contra as moléstias da pele. Via de regra, conforme a indicação, utilizam-se de três a trinta gramas de sal por litro de água. A duração do banho, a uma temperatura de cerca de 37°C, é de dez a vinte minutos; a seguir, recomendam-se duchas para evitar a irritação da pele. Posteriormente, também é aconselhável uma boa aplicação de creme. Esses banhos devem ser tomados durante pelo menos vinte dias, duas a três vezes por semana.

Banhos salinos contra o reumatismo

Sobretudo na terapia das doenças reumáticas, os banhos de sal têm uma tradição secular. Nas clínicas, apóiam o tratamento das moléstias degenerativas das articulações e da coluna vertebral, o mal de Bechterew, a fibromialgia e muitas outras enfermidades.

No tratamento dessas enfermidades, são necessários pelo menos vinte gramas de sal por litro de água, ou seja, cerca de 1,6 kg numa banheira de oitenta litros. Recomendam-se dois a três banhos semanais de vinte minutos, sendo que o tratamento dura no mínimo três semanas.

No Japão, o banho é um apreciado ritual de relaxamento

Um banho de mar em casa

Os banhos salinos não são aconselháveis unicamente no tratamento de doenças especiais. Eles relaxam, refrescam, penetram os poros, limpando-os e regenerando a pele. Portanto, se você quiser descansar e, ao mesmo tempo, livrar-se de impurezas, melhorar a aparência da pele e ainda — de lambuja — eliminar um pouco da celulite, transforme sua banheira num mar em miniatura e passe nela umas férias relâmpago. Providencie sal marinho, que hoje em dia é oferecido nas farmácias, perfumarias e drogarias, assim como nas lojas de produtos naturais, e que também pode ser encomendado diretamente às empresas especializadas em produtos de talassoterapia.

DICA

Para uma talassoterapia muito particular, você precisa do seguinte:

- tempo e sossego,
- sal de banho marinho,
- um banho de imersão a 37°C,
- um CD com a sua música predileta,
- uma máscara de algas, lama ou qualquer outra,
- a bebida da sua preferência,
- um pouco de fantasia

Antes de mergulhar no seu mar doméstico, faça alguns preparativos que lhe permitam relaxar realmente e sob todos os pontos de vista: siga o exemplo dos japoneses, para os quais o banho é um ritual. Os asiáticos tomam banho com o máximo de tranqüilidade, concentrando-se muito no corpo, mas só entram na banheira depois de um chuveiro quente, ou seja, com o corpo limpo. Isso você não precisa imitar necessariamente. Em todo caso, providencie para que nem a campainha nem o telefone o perturbem. Sendo preciso, proíba a entrada de todos os amigos bípedes ou quadrúpedes no seu "talasso-centro". Prepare uma xícara de chá ou sirva-se de uma taça de champanhe e, se quiser, aplique uma máscara, que pode funcionar particularmente bem durante o banho. Por fim, vale a pena providenciar iluminação adequada para o seu mar privado. Nossos banheiros muitas vezes contam com uma iluminação implacável, que pode ser muito útil quando se trata de cuidar da pele ou fazer a maquiagem. Mas, o seu minibalneário não precisa senão de uma pequena fonte de luz: talvez convenha usar o abajur de outro cômodo. É claro que o ambiente ficará muito mais agradável à luz de vela — e com um óleo aromático (novo em folha!).

Se quiser dar apoio acústico ao seu "clima de férias", tenha à mão um CD ou um cassete relaxante ou simplesmente ponha o seu disco preferido. No entanto, há outra alternativa musical: simplesmente cante e, com isso, crie as condições ideais para a respiração correta que, por sua vez, ajuda a relaxar. Para ficar deitada e relaxada, também é útil um travesseiro inflável ou — se não o tiver — uma toalha enrolada onde apoiar a nuca.

Agora, dissolva a quantidade prescrita de sal na água quente.

- Para uma concentração salina *à la* Mar do Norte, são necessários cerca de 3,5 quilos de sal de banho em cem litros de água, o que, num banho de imersão de oitenta litros, corresponde a 2,7 quilos.
- Se você preferir a concentração do Mar Báltico, bastará 1,2 quilo de sal em oitenta litros.
- Acrescente então água fria suficiente para que a temperatura caia a 35-37°C.

IMPORTANTE

Controle a temperatura regularmente, pois ela é decisiva no efeito do banho. A 35-37°C, a água tem a temperatura natural do corpo. Muito quente, quer dizer, a 37-40°C, ela dilata os poros, desintoxica mediante a transpiração, estimula o sistema linfático e relaxa os músculos. A essas temperaturas, sempre convém que os banhos sejam breves, ou seja, que não ultrapassem os quinze ou vinte minutos. Durante a gravidez ou em caso de doença, recomendam-se banhos a 32-35°C.

Agora entre "no mar" e sinta na própria carne o quanto faz bem esse banho antiestresse. Fique à vontade, confortavelmente entregue, durante uns quinze ou vinte minutos. Não use sabonete para não prejudicar o efeito do sal.

- Em vez disso, você pode escolher entre o sal marinho e o sal de banho enriquecido com extrato de algas e romãzeira, extrato de lama marinha ou óleo de caruma.

- Ou mime a pele maltratada com um "banho de mar de luxo", acrescentando azeite de oliva ou soro de manteiga.
- Outra variante, *à la* Cleópatra, é oferecida por um novo banho salino e de leite que, com as proteínas contidas no leite em pó, otimiza a absorção da umidade pela pele.
- Para um banho de beleza ainda mais especial, enobreça a água com trezentos gramas de sal marinho, duas xícaras de mel e um litro de soro de leite.

DICA

O grau de relaxamento aumenta com o chamado "bocejo iogue": feche os olhos, abra a boca ao máximo e boceje.

Para tornar perfeita a sua ilusão de mar, banhe-se também acusticamente: há um sem-número de cassetes e CDs com o ruído das ondas; você ouve a chuva e o canto das gaivotas, basta fechar os olhos...

Para aumentar ainda mais o relaxamento, valha-se dos belos estímulos do livro *Wassertherapie* [Terapia da água], do dr. Albert Olschewski. Por exemplo, "respirando a luz" e com outras fantasias, ele a ajuda a abastecer-se interiormente. Terminado o banho, siga as instruções do fabricante que, conforme o sal empregado, pode recomendar uma ducha após o banho ou, pelo contrário, devido à substância ativa, talvez a desaconselhe. Após o uso de sal de banho do Mar Morto, por exemplo, costuma-se aconselhar o enxágüe com água limpa, ao passo que os fornecedores de outros sais pedem explicitamente que se deixem os valiosos resíduos de sal na pele, que deve ser levemente esfregada e nada mais.

Além disso, é possível tomar banho de chuveiro com sal marinho, ou seja, espalhá-lo pelo corpo.

RELATO: A PELE, UM ÓRGÃO QUE PRECISA DE CUIDADO

No que se refere aos cuidados com o corpo, um muito disseminado e equivocado conceito de higiene torna necessária uma digressão a respeito da pele para que se reconheça o seu importante papel, inclusive na profilaxia, e se lhe dispense um tratamento adequado no futuro. A pele é uma maravilha da natureza. Sendo o maior e, ao mesmo tempo, o mais multiface dos órgãos humanos, chega a ter dois metros quadrados de superfície e entre sete e vinte por cento do peso total do corpo. Numa pessoa de 75 quilos, pode pesar de cinco a quinze quilos. A pele é o órgão que nos protege dos raios solares e dos fatores patogênicos; regula a temperatura e nos informa sobre o mundo exterior. Seus oitocentos mil sensores táteis permitem-nos sentir o contato, os três milhões de receptores de dor alertam-nos sobre a iminência ou a ocorrência de ferimentos. Ela é constituída de três camadas, a hipoderme, a derme e a epiderme. A mais profunda é a hipoderme, sobre a qual se encontra a derme, com ***fibras de colágeno*** *e redes de fibras elásticas, que dão firmeza e flexibilidade à pele. Ela se abastece, assim como à epiderme, de todo o necessário. Na epiderme, ficam as terminações nervosas e os vasos sangüíneos. Mais fina nas pálpebras, onde pode ter até um vigésimo de milímetro, e mais grossa na sola dos pés, onde chega a 1,5 milímetro, tem um tecido delgadíssimo, com 0,2 milímetro, e se renova a cada duas ou três semanas. Ao longo da vida, o ser humano perde cerca de vinte quilos de pele.*

A faculdade do organismo de constituir um sistema imunológico para combater as doenças desenvolve-se especialmente nas camadas da pele. Sabe-se que as radiações ultravioleta excessivamente fortes provocam não só queimaduras como também prejudicam as chamadas células de Langerhans, que apóiam o sistema imunológico.

A pele também se incumbe de um grande número de tarefas. Mas só pode executá-las quando é sadia e seu manto protetor biológico está intacto. No entanto, o produto de limpeza mais usado, o sabonete, tem justamente a característica de atacar o elemento ácido da pele. A pele sadia consegue neutralizar os álcalis do sabonete no espaço de duas ou três horas, reconstituindo a barreira ácida contra as bactérias e os fungos. Entretanto, nesse tempo tão breve, podem se alojar germes que a irritam ou até prejudicam. Portanto, evite a "espuma" se você tiver esse tipo de problema.

Sal marinho para o cuidado da pele

O sal marinho tem uma extraordinária diversidade de usos no cuidado da pele: dos dentes aos artelhos, pode prestar bons serviços.

Ele é excelente na limpeza profunda do rosto e do pescoço, que se recomenda fazer uma vez por semana a quem tem pele normal, e várias vezes aos adolescentes com acne.

Peeling de sal marinho

O sal marinho — por exemplo, combinado com extrato de camomila e tília ou com óleo de nozes e macadâmia — é apropriadíssimo para o *peeling*. Remove as células mortas da pele, revitaliza a cútis e permite uma absorção otimizada de hormônios, vitaminas e enzimas.

Ao fazer *peeling*, conforme a duração e o tipo de pele, pode-se escolher entre diversas modalidades.

- Ou o *peeling* é aplicado na pele seca e, depois de fazer efeito durante cerca de quinze minutos, retirado com água morna em movimentos circulares.
- Ou você aplica uma porção do tamanho de uma avelã na pele úmida, esfrega-a na cútis em movimentos circulares e, enfim, enxágua-a com água morna.
- Caso a sua pele seja particularmente sensível, aplique o *pe-*

eling com um pincel, numa espessura de cerca de 1-2 milímetros, e, depois de quinze minutos, remova-o com a ajuda de uma compressa de água morna.

Cremes de sal marinho

Os sais e os minerais do Mar Morto também são utilizados, numa extraordinária combinação com a preciosa manteiga "shea" extraída de uma variedade de nogueira africana. O creme especialmente hidratante que resulta contém, ademais das substâncias marinhas, alantoína natural e vitamina E e, desse modo — segundo o fabricante —, permite à pele armazenar uma umidade particularmente duradoura. De rápida absorção, é fácil de espalhar e deixa a pele macia e flexível. A correspondente loção para o corpo, que deve ser aplicada depois do banho de imersão ou de chuveiro, também reúne em si os efeitos positivos dos sais e dos minerais do Mar Morto com o excelente óleo.

Por exemplo, concebeu-se um creme com dez por cento de sal marinho especialmente para pele sensível e seca, o qual ajuda a terapia foto-hidrossol como suplemento de hidrossol. Embora seja bom para a pele ressecada, também pode ser usado no tratamento local da celulite. A composição básica do creme permite o seu uso em pele tanto seca quanto úmida. Um efeito colateral especialmente agradável desse preparado, que originalmente foi desenvolvido para o tratamento da psoríase, da neurodermatite e da ictiose, é o de também ser um ótimo bronzeador: o sal marinho forma cristais finíssimos na pele, retendo a umidade e aliviando a coceira. Ao mesmo tempo, esses cristais minúsculos reforçam as radiações ultravioleta, de modo que intensificam o bronzeamento.

DICA

Quem tem pele sensível ou pouco habituada ao sol não deve utilizar os cremes de sal marinho como bronzeador, pois podem provocar irritação.

Xampu de sal marinho

O xampu, enriquecido com a lama e os sais do Mar Morto, fortalece os cabelos, combate a caspa e estimula o couro cabeludo. No uso, a única diferença com relação aos demais produtos para os cabelos está na necessidade de agitar o frasco a fim de distribuir a lama uniformemente. Além disso, aconselha-se fazer uma breve massagem com o xampu. Serve para todos os tipos de cabelos e é adequado à lavagem diária.

Sal marinho no cuidado dos dentes

No século passado já se usava o sal na higiene dentária, se bem que de um modo para nós bastante esquisito. Por exemplo, a "Farmácia Dreck", de Paulini, recomendava escovar os dentes com uma mistura de sal marinho e a primeira urina do dia. Isso "não só mitiga a dor, como também reconstitui a gengiva retraída" [...] O sal marinho é aconselhável na higiene bucal devido ao seu efeito antibacteriano e ao fato de estimular o fluxo salivar. Desse modo, favorece a remineralização natural dos dentes. Por outro lado, dissolve o tártaro e impede a sua nova formação. Contudo, uma dentista chama a atenção para os possíveis riscos, alertando que, ao escovar os dentes com sal, não se deve pressionar muito a escova. Os cristais mais pontiagudos podem danificar o esmalte ou a dentina das pessoas mais sensíveis. Os sais dentais disponíveis nas farmácias contêm complementos adicionais, por exemplo, outros sais minerais como o sal de magnésio e o de cálcio, o fluoreto de sódio, o ácido carbônico e o extrato de tintura de mirra, o óleo de menta, o mentol e o anetol.

DICA

Se a sua dentina excessivamente sensível não tolerar o sal marinho, experimente simplesmente o fermento em pó.

Sal marinho no cuidado dos pés

O que faz bem para o corpo, a face e a cútis não há de fazer mal para os pés!

Para um banho dos pés, tomam-se 35 gramas de sal por litro de água. Além do sal marinho puro, há também o sal com extrato de algas marinhas, óleo de erva-cidreira e de camomila e muitas outras coisas. O banho refresca os pés cansados. As substâncias ativas do sal marinho aumentam o teor de umidade da pele, hidratando a epiderme dos pés e eliminando os resíduos de suor e as células mortas. O seu uso freqüente facilita a remoção dos calos e dos olhos-de-peixe e, além disso, combate a transpiração excessiva.

Por outro lado, o banho dos pés ajuda de modo particularmente intenso as inúmeras glândulas sudoríparas da sola dos pés a desintoxicar o corpo. Se necessário, proteja os pés contra a micose com um bálsamo de água do mar, que, ademais, contém óleo de abacate e cera de abelha.

A LAMA MARINHA

Riquíssima em sal, a lama marinha forma-se a partir da sedimentação de minúsculas partículas inorgânicas e orgânicas na região da desembocadura dos rios. Seu valor medicinal é conhecido há milênios e faz muito tempo que ficou empírica e clinicamente comprovado. Seu efeito terapêutico se deve sobretudo ao superaquecimento e ao teor de enxofre e hidrossol. Em virtude de sua composição especial, a lama marinha inibe as inflamações, abranda a coceira e cura naturalmente a pele. Tais propriedades são utilizadas desde épocas imemoriais — inclusive pelos animais, que, instintivamente, revolvem-se na lama a que têm acesso a fim de encontrar alívio. Além disso, encontram-se na história de todas as culturas antigas próximas do litoral claros indícios do uso terapêutico dos banhos de lama.

A extração

Antes de entrar nos detalhes da utilidade prática da lama marinha, convém esclarecer como ela é obtida, já que pouca gente conhece bem o processo. É por isso que os mais inexperientes muitas vezes recuam, quase sempre sem motivo, ao ver aquela massa mole, argilosa e cinzenta. A lama é retirada diretamente das águas baixas da costa ou das chamadas jazidas sub-recentes. São os "diques interiores", assim como os depósitos de lama encontrados sob as camadas de céspede, formados muito antes da era da civilização e comprovadamente intactos. Por exemplo, em St. Peter Ording, a extração se faz da seguinte maneira: há alguns anos, constatou-se que a lama do litoral, até então utilizada, já não podia ser obtida em quantidade suficiente nem com a qualidade requerida: só os centros terapêuticos dos estabelecimentos balneares consomem cerca de quarenta mil pacotes anuais; além disso, é enorme a demanda das clínicas de reabilitação da própria região. Assim, obedecendo às exigências da autoridade responsável pelo controle de medicamentos no país, procurou-se uma jazida mais distante do Mar do Norte — a qual foi encontrada no distrito de Ording. Com isso, o tempo em que os empregados das estações balneárias cavavam a lama com pás ficou relegado ao passado.

No preparo do medicamento natural, a higiene e a limpeza têm altíssima prioridade: a lama fóssil é livre de todas as impurezas da era industrial. Dragada a uma profundidade de cinqüenta centímetros a cinco metros, ela fica provisoriamente armazenada em caixas especiais de concreto e, depois de pré-triturada, é transportada em contêineres de aço até a fábrica de medicamentos. Lá uma esteira rolante leva-a a uma batedeira, onde ela é homogeneizada e diluída em água do mar até adquirir uma consistência compatível com o bombeamento. A água do mar utilizada na diluição é desinfetada, na tubulação circular, com radiação ultravioleta. A própria lama, antes de ser aplicada nos pacientes, é termicamente desinfetada pelo seu aquecimento a 75°C seguido do resfriamento a 45°C. O calor excedente é transferido para a água da piscina de ondas artificiais. Depois desse "resfriamento", a lama é carregada em termocarros e, a seguir, espalhada manualmente nas folhas sobre as quais o cliente enfim se deita. Após o tratamento, o precioso produto natural não retorna ao Mar do Norte: vai — naturalmente sem a folha — para uma máquina recentemente desenvolvida que, por meio de um sistema concebido com muita precisão, possibilita que ela seja eventualmente reutilizada, cerca de dez anos depois, como bandagem na fábrica de produtos medicinais.

Mas não é de modo algum necessário viajar a St. Peter Ording ou ao litoral para desfrutar dos banhos de lama. Esses produtos estão à disposição dos fisioterapeutas e podem ser usados até mesmo em casa. E é óbvio que a cosmética também recorre ao efeito da lama.

O emprego na medicina

A lama é um pelóide. Pelóides são substâncias orgânicas ou inorgânicas oriundas de processos geológicos e/ou biológicos. Embora muitas vezes naturalmente formados de grãos finíssimos, em certos casos, são artificialmente preparados de modo a adquirir essa consistência para o uso medicinal nos banhos de lama ou lodo ou na aplicação de cataplasmas.

Os banhos, os cataplasmas ou as compressas de lama marinha são apropriados ao tratamento de apoio das enfermidades reumáticas ou reumatóides, da artrite, da ciática, das doenças das articulações e dos músculos, das nevralgias, das neurites, dos distúrbios circulatórios periféricos etc.

As bandagens são apresentadas em diferentes tamanhos e formatos, conforme a região do corpo em tratamento, e são aplicadas do lado naturalmente úmido e devem ser cobertas com uma manta dobrada para reter o calor (50-60°C). A lama deve atuar no corpo durante vinte minutos no máximo. Encontramse no mercado as bandagens de lama marinha "de mão e pé" da empresa La Mer. São recomendadas nos casos de micose da pele e da unha.

Na terapia morna, as bandagens pré-formadas devem ser aquecidas de acordo com as instruções; na terapia fria, devem ser resfriadas a +4°C, na geladeira. Podem ser usadas até cinco vezes. A utilização das bandagens como medicamento, autorizadas pelo Ministério da Saúde (da Alemanha), é bastante fácil: abre-se a bolsa pela borda superior. O paciente enfia a mão ou o pé na abertura e prende a bandagem com a faixa presa à bolsa para impedir a saída do produto. Na terapia morna, o paciente conserva a bandagem na mão ou no pé dentro de um balde cheio de lama a uma temperatura de cerca de 60°C. O tratamento dura de dez a vinte minutos. Os movimentos lentos reforçam o efeito. Por fim, retira-se a bolsa com uma leve pressão, a bandagem é novamente fechada e guardada para uso posterior.

Graças a sua capacidade de estimular a irrigação sangüínea, a lama do mar é recomendada, entre outras coisas, nos casos de inflamação no ovário e na trompa. Nos distúrbios menstruais crônicos ou nos achaques da menopausa, recomendam-se as bandagens combinadas com banhos de imersão quentes.

Tratamento intensivo da cútis

O uso da lama marinha nos cosméticos é muito mais recente que na medicina. Seus múltiplos efeitos positivos, sobretudo o aumento da microcirculação nos tecidos e a melhora da nutrição e da oxigenação da pele dele resultantes, levaram o laboratório de cosmética marinha de Cuxhaven a desenvolver uma série especial de produtos. Eles são fabricados com as substâncias ativas naturais do mar e, de preferência, não contêm senão os conservantes imprescindíveis. A série para o tratamento da cútis surgiu da experiência adquirida com o uso nos balneários medicinais alemães. O laboratório desenvolveu um método de extração das substâncias ativas da lama marinha.

Como o extrato hidrata a cútis, tornando-a mais resistente e elástica, os produtos medicinais são particularmente recomendáveis para a pele seca, sensível, sujeita a reações alérgicas e já danificada.

As máscaras se revelaram especialmente eficazes não só na cura de moléstias, como também no rejuvenescimento e no embelezamento, às vezes também necessários à cútis sadia. Para as máscaras, você pode escolher entre o *black mud* [lama negra], ou seja, a lama do Mar Morto, disponível tanto pura como na forma de creme para máscara, o pó de lama para amassar ou ainda as máscaras de lama do Mar do Norte.

Uma máscara para todo tipo de pele

Com uma espátula, aplica-se a lama na pele bem limpa, deixando livres as áreas próximas dos olhos e da boca. De preferência, fique deitada enquanto a máscara faz efeito — mais ou menos de quinze a vinte minutos — para que ela não se esfarele. É provável que você sinta um leve formigamento logo depois da aplicação. Uma vez seca a lama, amoleça-a durante um ou dois minutos com uma toalha molhada; a seguir, retire-a com cuidado e muita água. Enxágüe todos os resíduos. A experiência ensina que a *black mud* é particularmente eficaz, pois limpa profundamente os poros, afinando e esticando a pele, tornando-a mais sedosa. Isso vale também para os cremes de máscara de lama marinha, que funcionam tanto como *peeling* quanto como creme hidratante regenerador.

O creme, que tem a cor marrom-acinzentada da lama marinha, deve ser espalhado na pele bem limpa numa camada de aproximadamente um milímetro. Não se esqueça de poupar a região dos olhos. Deixe o creme fazer efeito durante cerca de quinze minutos, período em que é recomendável cobrir o rosto com um plástico. (Recorte aberturas para a boca e o nariz.) Passados os quinze minutos, massageie-o breve e suavemente, com movimentos circulares, e então remova a máscara com uma compressa e com muita água morna.

IMPORTANTE

A máscara de lama nunca deve ser aplicada em feridas abertas.

Esse tratamento é especialmente eficaz nos casos de acne, de rosácea, de dermatite perioral rosácea e de danos na pele do rosto causados pela cortisona. Provocando um avermelhamento passageiro, ele descansa a cútis, estimula a irrigação sangüínea e a função dos vasos, mitigando a coceira.

Máscara contra a acne

Se o acima citado creme de lama é recomendado à todos os tipos de pele, o produto de que vamos falar agora foi concebido para o tratamento da acne dos adolescentes, assim como para a pele gordurosa e a normal. Essa máscara especial, feita de pó de lama ressecada pura, deve ser dissolvida numa loção especial fornecida pela empresa. É com um pincel que se aplica essa massa com efeito de *peeling* biológico, não com espátula ou com a mão. A região dos olhos fica, como sempre, excluída. Seu efeito se verifica em vinte minutos; nesse período, a máscara seca e adquire uma coloração cinzenta clara. Enquanto isso, vai reti-

A máscara de lama marinha, quando seca, deve ser removida com muita água morna

rando todas as impurezas da cútis e a abastece das substâncias ativas da lama e do enxofre, que inibe as inflamações. Essa máscara se destaca pelo efeito extraordinariamente curativo e confortável. Por último, a pele deve ser tratada com a loção acima mencionada.

O fluido contra as rugas

Lipossomas são minúsculos lipídios esféricos cuja função consiste em introduzir substâncias importantíssimas na pele. Os lipossomas do fluido da empresa La Mer contêm extrato de lama marinha e pantenol. Essa combinação de substâncias acelera a reprodução das células, fixa a umidade e torna a cútis elástica. Após a limpeza de pele, espalha-se no rosto e no colo esse fluido que combate o envelhecimento precoce e a formação de rugas; são recomendáveis pequenas batidas com a ponta dos dedos para facilitar a absorção. Depois disso, você pode passar o seu creme preferido.

Ajuda no combate à celulite

Por mais compreensão que se tenha para com a contrariedade que, por motivos estéticos, muitas mulheres (inclusive a autora deste livro) enfrentam com a pele de "casca de laranja", é preciso deixar bem claro que a celulite não é uma doença: sua origem está no tecido adiposo feminino e em sua distribuição. Ou seja, a partir de determinada camada de gordura, quase toda mulher tem esse problema em certas regiões do corpo. A pele começa a perder a uniformidade, os poros se dilatam e, nos "casos mais graves", nem é preciso comprimi-la para que ela fique parecida com a grossa e porosa casca da laranja. Quem quiser livrar o corpo da celulite, ou, para ser mais exata, livrar o bumbum, as coxas e possivelmente também a barriga, precisa ter paciência e levar em conta diversos aspectos, pois não existe um único meio capaz de produzir resultados por si só. Na medida do possível, a mulher deve ter uma alimentação sadia e pobre em gorduras, perder os quilinhos extras, fortalecer o tecido conjuntivo, preferindo, por exemplo, usar sempre a escada em lugar do elevador e, se possível, tratando de praticar esporte para treinar a musculatura da perna. Particularmente útil é o uso da água, pois com ela a musculatura é melhor irrigada e se fortalecem as camadas da pele, inclusive o tecido conjuntivo.

E também a bandagem com a "lama primordial" do Mar Morto promete efeito rápido: durante os quinze ou vinte minutos prescritos em que está fazendo efeito, ela presta um bom serviço triplo:

- Enquanto ainda está úmida, resfria e descansa a pele ao mesmo tempo que a desinfeta.
- Paralelamente, ela absorve as impurezas e a gordura.
- Depois de seca, veda a entrada do ar, mantendo a pele aquecida e bem irrigada.

Convém remover o grosso da lama seca com o auxílio de uma esponja e, depois, enxaguar a pele com água em abundância. Conforme garante o fabricante, fazendo isso uma ou duas vezes por semana, os efeitos serão visíveis em você.

O tratamento dos pés

Também no cuidado dos pés cansados pode-se recorrer aos produtos da lama marinha. O correspondente creme para os pés conserva a flexibilidade da pele, impedindo o endurecimento dos calos e o surgimento de dolorosas rachaduras. Além disso, protege contra os fungos e, além de eliminar o mau cheiro, desinfeta. O acréscimo de óleo de camomila e extrato de lama marinha combate as inflamações.

Proteção contra o sol

O creme protetor com filtro solar fator de 4 a 5 é hidratante e tem a propriedade de conservar a umidade, de modo que se recomenda também no tratamento da pele normal freqüentemente exposta ao sol.

A BRISA DO MAR

Com o ambiente doméstico devidamente abastecido de sal e lama marinhos e até mesmo de água do mar, só fica faltando uma coisa para estimular a sua temporada no litoral: a sadia brisa marinha. E também é possível tê-la em casa. De que maneira, você vai ficar sabendo agora.

Inalações de água do mar

Para as inalações ou o gargarejo com água do mar, a Água do Mar Biomaris, por exemplo, foi licenciada como aerossol. No entanto, é preciso adquirir um aparelho especial que pulveriza a água do mar em minúsculas gotículas. Consulte o seu dermatologista ou o seu otorrinolaringologista. Em todo caso, saiba que não há limite de idade para a inalação da água do mar. Sob o controle dos adultos, até mesmo os lactentes um pouco mais velhos podem fazer a inalação, sendo que as crianças de dezoito meses a 2 anos já conseguem fazê-lo sem ajuda.

A inalação de água do mar é uma terapia local do aparelho respiratório superior e costuma ser empregada no combate a diversas enfermidades. Um aparelho especial transforma o hidrossol em aerossol, ou seja, fragmenta-o em finíssimas partículas, para que possa ser inspirado. Desse modo, cria-se uma espécie de forma intensiva de inalação da névoa natural da maresia, proporcionando às vias respiratórias um verdadeiro passeio na praia. Essa medida é recomendável para diluir o muco nos casos agudos e crônicos de catarro do aparelho respiratório superior, para "lavar", nos resfriados, as entradas das fossas nasais e diluir as secreções mais solidificadas ou resistentes, assim como para descansar e desinflamar a mucosa. Também é indicada no tratamento da mucoviscidose e tem um papel importante no da pituíta. O sucesso dessas inalações se deve ao teor salino da água do mar, ligado ao seu efeito bactericida, assim como a sua capacidade de melhorar a irrigação sangüínea e regenerar as mucosas.

Geralmente os efeitos curativos da água do mar só se manifestam vinte ou trinta minutos após a inalação.

Levando o mar para casa

Graças a um aparelho especial de climatização, é possível contar permanentemente com a brisa marinha entre nossas quatro paredes. O dispositivo é o resultado de quase vinte anos de pesquisa de um paciente com problemas no aparelho respiratório, que queria levar o mar para sua casa. Ele promete transformar a sua moradia num verdadeiro balneário e, em princípio, funciona como uma pequena salina que também se chama mini-estação de tratamento para obtenção de sal. Aliás, encontram-se salinas como essa nos balneários e nas estações de cura.

O aparelho tem 40 x 38 x 25 cm e funciona ou com a genuína água do mar, ou com uma mistura feita de sal marinho especial com água doce, a qual vai caindo em gotas e forma uma cortina. Ligada a um ventilador, ela se mistura com o ar qual uma mistura de aerossol puro. Sendo minúsculas, as partículas de minerais diluídos ficam suspensas na atmosfera ambiente e não se decantam. Neste aerossol, a distribuição das partículas é quase igual à das gotículas de água do mar existentes na atmosfera da praia. Você pode contar com o efeito inibidor de infecções, dilatador dos brônquios e diluente do muco nas profundezas do aparelho respiratório. Além disso, ele ativa os filamentos e regenera a camada de muco da mucosa bronquial que protege contra as toxinas e as bactérias, e o ar ambiente fica enriquecido com os minerais e elementos-traços existentes nas águas profundas do mar. São as seguintes as etapas do processo pelo qual o aparelho leva ar marinho à sua sala de estar: primeiramente, o ar passa por um finíssimo filtro que retém a matéria nele suspensa, como os polens, a poeira, os ácaros, os pêlos dos animais e muitas outras coisas. Depois dessa limpeza inicial, o ar passa por uma luz ultravioleta que o desinfeta. A lâmpada ultravioleta impede a formação de esporos de fungos ou de bactérias na câmara de ar e de umidade.

A umidade relativa do ar da sala chega ao índice ideal de 45 a 60 por cento.

Conforme a ocasião ou a necessidade, pode-se deixar o aparelho em funcionamento 24 horas por dia, dispensando-se, assim, a incômoda máscara, o que é um grande alívio sobretudo para as crianças. Nas moléstias crônicas, de duas a quatro horas de funcionamento do aparelho, de manhã e à noite, já produz um bom efeito terapêutico, sendo que, no tratamento profilático das doenças crônicas do aparelho respiratório e da pele, recomendam-se quatro horas diárias. Funcionando 24 horas, o aparelho requer um litro de água por dia. Nesse caso, um quilo de sal marinho dura quatro semanas. O consumo diário de energia é baixo, equivale ao de uma lâmpada de 60 watts. De quinze em quinze dias, o aparelho deve ser limpo com essência de vinagre, processo que dura cerca de cinco minutos. E, nos casos extremos, a despesa já passou a ser coberta pelo convênio médi-

DICA

Se quiser, você pode colocar sachês de ervas medicinais no depósito de água ou acrescentar óleos aromáticos (umas dez gotas). Essas substâncias serão absorvidas pela água do mar e lançadas no ambiente pela corrente de ar.

co, como pode comprovar o fabricante. Havendo interesse, a empresa coloca um aparelho a sua disposição para fazer um teste.

O sal no ar

Um teste com uma paciente que sofre de bronquite asmática crônica mostrou o alívio que os doentes podem ter quando se lança o sal marinho no ar. Desde que ela ligou o aparelho no quarto, os ataques noturnos se reduziram em mais de setenta por cento. O uso do aparelho é recomendado no combate a diversas doenças:

- as moléstias do aparelho respiratório como a bronquite asmática, a laringite subglótica, os resfriados e a mucoviscidose,
- as enfermidades cutâneas como a psoríase,
- a vulnerabilidade às infecções em geral.

Sem chance para as bactérias

Neste contexto, convém esclarecer que o receio muito comum de que os umidificadores de ar fazem “proliferar as bactérias” não tem nenhum fundamento; foi o que provou o exame a que foram submetidos diversos aparelhos. E é o que diz o laudo do Instituto de Higiene da Universidade de Tübingen, sobretudo no tocante à *Pseudomona aeroginosa*, bactéria tão temida pelos que sofrem da mucoviscidose. São vários os fatores que garantem simultaneamente a segurança: um sistema de purificação do ar com diversos filtros de gaze especial que eliminam as bactérias, uma lâmpada ultravioleta que desinfeta e, por fim, o fato de que se trata de um aparelho que recria o ambiente marinho.

As Algas e seu Âmbito de Aplicação

EXUBERANTE VIDA VEGETAL

Sendo um produto natural marinho de propriedades excepcionalmente diversificadas, as algas prestam um serviço muito especial à talassoterapia da atualidade e, por esse motivo, vamos estudá-las em detalhe. Esse grupo extraordinariamente heterogêneo de plantas inferiores tem um longo passado na história da Terra. Elas são as ancestrais de toda vida, existem há milhões de anos e seu valor se deve justamente a esse primitivismo. Há cerca de quatrocentos milhões de anos, surgiram no nosso planeta as mais primitivas formas de vida, constituídas de seres unicelulares microscópicos. Existem algas em cada gota de água, assim como no ar e também no solo — algumas inclusive habitam certos animais invertebrados — e em todas as formas, cores e tamanhos. Já se contaram cerca de 25 mil tipos diferentes, entre os quais há desde as minúsculas até as que chegam a medir muitos metros, também conhecidas como feofíceas. Os organismos vegetais primitivos podem ser microscópicos ou ter grandes dimensões, como a gigantesca *Macrocystis pyrifera*. Com quarenta a cinqüenta metros de comprimento, esta planta bate o recorde absoluto entre as algas mais volumosas e compridas, sendo considerada a maior planta aquática existente.

Se, com o aumento da temperatura, vêem-se algas microscópicas "florescerem" na forma de plâncton tanto no mar quanto na água doce, as algas de maiores dimensões prendem-se nos litorais rochosos, geralmente com as raízes numa pedra, formando uma densa ramagem firmemente unida à base rochosa.

Elas têm tronco, galhos e "folhas" e só em casos excepcionais vagueiam soltas em grandes aglomerados.

As grandes dimensões e as fortes raízes favorecem a troca de substâncias com o meio ambiente. As algas absorvem, além dos nutrientes, quase todos os elementos nele diluídos, armazenando-os nas células numa concentração consideravelmente superior à externa. Aliás, foi justamente por isso que elas possibilitaram a descoberta dos elementos bromo e iodo (ver página 112).

Os "Paint Pots" do Parque Yellowstone devem seu nome às algas microscópicas ricamente coloridas

Uma colorida fonte de energia

A escala cromática de todas as algas vai do verde-azulado até o vermelho, sendo que cada nuance depende da profundidade de seu hábitat. Como as outras plantas, elas precisam da luz do sol para viver, e suas cores são determinadas pelos pigmentos fotossintéticos capazes de captar a radiação solar mesmo em grandes profundidades: até aproximadamente duzentos metros abaixo da superfície do mar. Sendo seres vivos ativamente fotossintéticos que, com a ajuda da luz solar, transformam as substâncias inorgânicas (á água, o gás carbônico) em orgânicas, as algas — juntamente com a crina vegetal marinha — executam uma tarefa extraordinariamente importante no espaço vital do mar. Afinal, os animais das grandes profundezas vivem das substâncias orgânicas surgidas em profundidades menores. Certas águas, como as do Mar Vermelho ou as chamadas "Paint Pots" [vasos pintados], no Parque de Yellowstone, nos Estados Unidos, devem seu nome a certas algas microscópicas de cores particularmente intensas. Por comodidade, distinguem-se os milhares de espécies de algas pela cor. Há mais de dez tipos pertencentes à espécie das **algas pardas**, entre os quais a *hijiki*, a *kombu*, a *aramé* e a *wakamé*. São utilizadas no preparo de muitos pratos. Uma substância importante extraída das algas pardas é o alginato, usado como espessante e estabilizador na indústria de alimentos e na cosmética. As **algas vermelhas** vivem nos mares quentes, a até duzentos metros de profundidade, e há séculos servem de alimento aos asiáticos. A este grupo pertencem, entre outras, a *dulse*, a *carrageen* (musgo irlandês), a *nori laver* e também a *kanten*, da qual se obtém o espessante e estabilizador *agar-agar*. Já as **algas verdes** encontram-se principal-

O Fucus vesiculosus também faz parte do grupo das algas pardas

mente na água doce e caracterizam-se pelo alto teor de clorofila. Algumas delas — por exemplo, o plâncton ou as algas *Chlorella* — são consideradas um alimento muito nutritivo para os seres humanos e os animais; outras, porém, são intragáveis ou até mesmo tóxicas.

Composição das Algas

Substâncias	Porcentagem de participação no peso (secas)
Carboidrato	até 50
Proteínas	15-20
Minerais, elementos-traços, vitaminas	30
Gordura	1

As **algas azuis**, também conhecidas como "cianofíceas", contam milhares de subespécies, parte delas com propriedades e colorações muito diferentes. Ocorrem tanto nos oceanos quanto na água doce e inclusive na umidade do ar, como, por exemplo, a que cresce nas vidraças das estufas.

Sendo a base de toda a cadeia alimentar, as algas despertam grande interesse no nutricionismo e na medicina. Atualmente, a cosmética utiliza cerca de cinqüenta tipos, a maioria deles do grupo das algas azuis. Entre estas, têm um papel essencial a *Afa* (*Aphanizomenon flos aquae*) e a *Spirulina*, por conterem uma concentração particularmente elevada de matéria vital. As algas *Afa*, que crescem espontaneamente no Lago Klamath, no estado norte-americano do Oregon, são muito apreciadas devido ao seu efeito revigorante.

OS TIPOS DE ALGAS

A seguir, apresentamos um apanhado sistemático dos tipos de algas. Enfatizamos as áreas de aplicação às quais cada tipo se mostrou adequado. Além disso, enumeramos suas propriedades especiais.

Algas pardas

Fuco

A partir dele obtém-se um gel coloidal indicado no tratamento das feridas, o qual, entre outras coisas, é utilizado na fabricação de compressas. Mediante o gás carbônico, o *Fucus vesiculosus* estimula o sistema imunológico, ativa o metabolismo da gordura e do gás carbônico e favorece a função renal. Como complemento alimentar, é usado no combate ao hipotireoidismo, ao reumatismo, à artrite, à bronquite asmática e também nas dietas contra a carência potencial de minerais. Presta valiosos serviços na desintoxicação em geral e é recomendável no tratamento da celulite. A fucoidina (secreção de muco que, na vazante, protege as algas do ressecamento) caracteriza-se pela capacidade de revigorar o sistema imunológico.

Kombu

Designa diversas variedades da espécie *Laminaria* das algas pardas. Com seu altíssimo teor de iodo e magnésio, é utilizada em pó ou seca para ajudar a digestão.

Wakamé

Undaria pinnatifida

É rica em ácido algínico e contém muitos minerais, elementos-traços e vitaminas: ferro, magnésio, potássio, fósforo, enxofre, selênio, vitamina C e diversas vitaminas do complexo B. Serve para desintoxicar o organismo de metais pesados e nicotina e, além disso, é indicada nas cardiopatias e nos casos de pressão alta. A *wakamé* revigora a pele, o cabelo e as unhas, assim como o sistema imunológico. Conforme um estudo da Universidade do Havaí, protege contra o câncer, particularmente o do pulmão.

Hijiki

Cystophyllum fusiforme

Riquíssima em minerais e elementos-traços (seu teor de cálcio é dez vezes mais elevado que o do leite), embeleza os dentes, a pele e o cabelo. Além disso, estimula a circulação sangüínea e diminui a taxa de colesterol.

Algas vermelhas

Agar-agar

Gelidium corneum

Essa alga é rica em sais minerais. Utilizada como liga no lar e na indústria de alimentos, serve nos laboratórios científicos de meio de cultivo de bactérias e fungos. Na medicina, a secreção de muco das algas vermelhas oferece proteção contra a inflamação das mucosas, regula as funções intestinais (efeito laxante e diurético) e, na forma de chá, combate a tosse e o catarro.

A agar-agar é oferecida em flocos, em pó, em bastões e como chá.

Carrageen ou musgo irlandês

Chondrus crispus

Rica em iodo e vitamina C, tem alta capacidade de fluxo. Como lastro, o musgo irlandês ajuda nos problemas digestivos; sua matéria mucosa protege as paredes intestinais (diarréia, colite) e é usada contra o raquitismo e o linfatismo. As bandagens com *carrageen* combatem as infecções. Finalmente, essa planta também refresca e alivia a vista e as pálpebras cansadas.

Dulse

Palmaria palmata

Esta alga vermelha do Atlântico contém muitas substâncias minerais, como o ferro, e é usada no combate à anemia (da dieta vegetariana, da gravidez, pós-operatória, das pessoas acamadas).

Além disso, é recomendável nas moléstias do estômago e do intestino.

Nori

Porphyra tenera e *Porphyra yeyoensis*

Abundante em beta-caroteno, vitamina C, vitaminas do complexo B e proteínas, a nori é recomendada a quem tem elevadas taxas de colesterol, anemia, insuficiência tireoidiana e úlcera no estômago. É útil também no combate às infecções bacterianas como a salmonela, o estafilococo e a *Escheria coli*. Devido ao seu alto teor vitamínico, é utilizada também na alimentação infantil.

Algas verdes

Dunaliella salina

Com sua abundância de xantofila e beta-caroteno, esta alga de água salgada faz bem para a vista e para a estrutura da pele, funciona como antioxidante no combate aos radicais livres e favorece a desintoxicação (nicotina etc.)

Scenedesmus obliquus ou *Scenedesmus acutus*

As algas microscópicas cultivadas em tanques de água doce são ricas em albumina (até 55 por cento do peso seco) e contêm as vitaminas B_1, B_2, A, C e E, assim como o beta-caroteno. Ajudam a reduzir as taxas de colesterol, aceleram a cicatrização das feridas, pois seu uso tópico alisa as cicatrizes, e são usadas no tratamento da pele em geral. Aos que sofrem de artrite e reumatismo, recomendam-se até quarenta gramas diários na forma de chá ou em pó.

Chlorella

Em geral, esta alga unicelular encontra-se nos rios, nos lagos, nos troncos das árvores e nas rochas, onde nasce espontaneamente, ou é cultivada em massa. Cresce cerca de quarenta vezes em 24 horas e, por isso, chega a ter um gigantesco rendimento anual.

A *Chlorella* é rica em zinco e clorofila (sete por cento do peso seco). Devido à semelhança química com os nossos glóbulos vermelhos, é designada como “doadora vegetal de sangue”. Como tal, é muito útil no combate à anemia, durante a gravidez e a amamentação, para as pessoas que sofrem de *stress* e esgotamento, assim como no apoio a dietas contra as manifestações de carência.

Além disso, é aplicada na purificação do sangue e na desintoxicação, do mesmo modo que nos casos de diabetes e asma. Devido a suas paredes celulares particularmente rígidas, o preparo dessa alga exige maior sofisticação técnica que o das outras e, por essa razão, é mais cara. Por outro lado, as paredes mais duras causam problemas digestivos a algumas pessoas, de modo que não deve ser ingerida em grande quantidade.

Algas azuis

Spirulina

Esta alga microscópica pluricelular provém sobretudo dos lagos de clima subtropical como o Chade, na África, ou o Texcoco, no México. Ainda se fala no bolinho azul-esverdeado que tanto fortalecia os astecas (ver página 98). Encontram-se bolinhos do mesmo tipo também na tribo canembu, que vive às margens do Lago Chade, os quais os comerciantes ofereciam como caldo para sopa. Nessa tribo, ao contrário das vizinhas, as crianças não apresentam nenhuma característica de subnutrição, como informou a Unesco em 1993.

Objeto de pesquisa há duzentos anos, a *Spirulina* é utilizada de forma variada também na Europa. Dizem que alivia a sensação de fome ao mesmo tempo em que abastece o organismo de substâncias importantíssimas. É recomendada no tratamento dos distúrbios metabólicos, das manifestações de carência e, nas viagens, combate a diarréia. Por último, ela fortalece o sistema imunológico e reduz as taxas de colesterol.

Antes de ingerir os preparados de algas, convém informar-se sobre determinados efeitos:

1. Nos casos de hipertireoidismo, tais preparados não são recomendáveis devido ao seu alto teor de iodo. Convém conversar com o médico antes.

2. O **gosto de alga** costuma ser muito intenso, sobretudo nos chás, de modo que é preciso habituar-se a ele.
3. As pessoas de pele sensível estão sujeitas a **reações cutâneas** após a ingestão de algas. Isso pode ser um sinal de intolerância, mas, por outro lado, também anuncia que a pessoa tem afinidade com a substância: no sentido do fortalecimento.
4. A **coloração esverdeada das fezes** se deve à clorofila que se encontra em abundância, por exemplo, na alga *Chlorella*.
5. No começo, é possível que a ingestão de algas venha a provocar **gases** incômodos, os quais, entretanto, desaparecem com o tempo. Por fim, acrescentam-se algas a certos legumes de difícil digestão, como o feijão, por exemplo, para que sejam mais facilmente digeridos.

AS ALGAS NA INDÚSTRIA

As algas na alimentação

Até o presente, só no Extremo Oriente as algas participam regularmente da alimentação humana. Sobretudo as variedades vermelhas e, em parte, também as verdes e as pardas são picadas e servidas como guarnição de outros pratos. No litoral da China e do Japão, assim como nas ilhas tropicais do Pacífico, comem-se diferentes espécies de algas. Os preferidos são os produtos das algas pardas (do tipo *Laminaria* como a *kumbu*) e das vermelhas (do tipo *Porphyra*). A mais conhecida delas é a *nori*, em cujas folhas também se enrola a massa de arroz do conhecido *sushi*.

Além da *Porphyra* (que é vermelha), a alga *Monostroma* (verde) é cultivada com fins alimentícios.

As algas na indústria farmacêutica

A diversidade de usos torna as algas uma matéria-prima indispensável à indústria farmacêutica; do mesmo modo que os alginatos, elas têm grande importância não só na composição de substâncias ativas, como também nos preparados:

- Ajudam a suavizar o sabor desagradável dos remédios.
- Dão liga a comprimidos e pílulas e servem de revestimento para os medicamentos resistentes aos sucos gástricos.

- Conservam a flexibilidade da massa com que se tira o molde das próteses dentárias (coroas, pontes, dentaduras).

Algas que detectam a poluição da água

As algas têm um importante papel no controle da poluição da água; o grau de poluição dos rios, por exemplo, pode ser determinado não só quimicamente, mas também pela disseminação de certas algas.

Neste contexto, é igualmente interessante a utilização de algas microscópicas e bactérias no tratamento da água do esgoto. Em Israel, funciona há alguns anos uma fábrica experimental que, com a ajuda de microalgas e bactérias, purificou de tal modo a água suja da cidade de Haifa que ela pode ser reutilizada na irrigação das plantações. Além disso, obtém-se, como resultado do processo, uma biomassa aproveitável como ração ou adubo e utilizável na obtenção de álcool ou biogás.

Algas como adubo e ração

As grandes algas vermelhas e pardas fornecem húmus. Por isso, são levadas às plantações próximas do litoral e misturadas com a terra durante a lavragem. Para a sua utilização também nas plantações do interior, passam por um processamento que as transforma numa farinha. Nas regiões costeiras, são empregadas com muita freqüência como ração para o gado. É provável que o segredo do seu sucesso esteja no alto teor de vitaminas e elementos-traços. Nas Ilhas Orkney, por exemplo, as ovelhas chegam a viver dez meses por ano exclusivamente de algas, ao passo que, nas oito semanas restantes, são levadas ao pasto para reproduzir. Na Irlanda e na Escócia, as algas são processadas como farinha de ração; recorre-se para isso principalmente à *La-*

minaria, ao fuco e à *Ascophyllum*. Na China, as variedades de sargaço e outras servem de ração e adubo.

Num livro sobre talassoterapia, porém, interessa-nos acima de tudo a utilidade das algas para o homem, a qual se pode dividir em dois grandes complexos: por um lado, seu valor no cuidado do corpo e da saúde e, por outro, seu uso como alimento.

AS ALGAS NA COSMÉTICA

No clima atual de generalizado entusiasmo pelos produtos obtidos diretamente na natureza ou fabricados com ingredientes naturais, a indústria de cosméticos oferece cada vez mais opções em cuja composição se sobressai particularmente a presença dos tesouros do mar.

A colheita

Para usar plantas nos cosméticos, é preciso observar normas especiais na sua obtenção e no seu processamento. Colhem-se as algas ou numa faixa litorânea isolada, como por exemplo a costa da Bretanha, ou a grandes profundidades marinhas: é o que garante a indispensável pureza. Devido a sua extraordinariamente elevada capacidade de armazenamento, as algas contêm não só substâncias valiosas, como também detritos nocivos da própria civilização humana como, por exemplo, os metais pesados.

Certos tipos de plantas são cultivadas artificialmente. Muitos dos laboratórios que as utilizam em seus produtos estão instalados no mesmo local em que elas são colhidas. A colheita se realiza na estação do ano em que é mais elevado o teor de substâncias ativas nas algas. No caso das que crescem na superfície, a melhor época é a primavera, ao passo que as do fundo do mar apresentam mais alto teor de substâncias ativas na primavera e no outono.

Substâncias ativas

Um quilo de alga contém as substâncias de cem mil litros de água do mar com todos os importantíssimos minerais, aminoácidos, sais minerais, elementos-traços e as vitaminas A, B_2, C e E, o que as converte na matéria-prima ideal dos preparados cosméticos. Atualmente, a indústria processa cerca de cinqüenta tipos de algas nos seus diversos produtos. Essas plantas se caracterizam por um componente especialmente importante, o chamado muco. Com toda a certeza, você já teve oportunidade de conhecer e aprendeu a valorizar este gel constituído de açúcares (carboidratos), de efeito umidificador, ao aplicar um creme hidratante após o banho de sol: a pele fica deliciosamente refrescada. A fim de obter esse efeito agradável, a indústria acrescenta o alginato. Trata-se de sais do ácido algínico extraído das algas pardas ou do *carrageenan* oriundo das paredes das células das algas vermelhas. Além disso, as algas favorecem a estabilização. Essa função é exercida pelo *Agar-agar*, um produto do extrato de algas. Enfim, o alto teor de iodo torna-as particularmente adequadas ao uso em extratos para o banho, em cremes de massagem etc. O iodo estimula o metabolismo e ajuda a reduzir o peso e a combater a celulite. Mas as algas fornecem outros sais minerais. Todos eles ativam o metabolismo que, por sua vez, favorece a descamação e, ao que tudo indica, também a perda dos quilinhos extras. Outras importantes funções cosméticas cabem às seguintes substâncias:

- O enxofre inibe as infecções causadas pelas impurezas da pele.
- O zinco ajuda a prevenir o envelhecimento precoce.
- Também as vitaminas A, B_2, C, D, E e K impedem o envelhecimento precoce.

As bases da atual cosmética marinha produzem concentrados obtidos diretamente do líquido celular das algas. Graças à

OS MAIS IMPORTANTES TIPOS DE ALGAS

Cada tipo de alga tem propriedades especiais particularmente úteis a determinados setores da indústria de cosméticos.

biotecnologia moderna, é possível decompor essas plantas em seus menores componentes. Esse refinamento permite que suas substâncias intracelulares penetrem, a partir do exterior, as camadas mais profundas do tecido da pele.

- A *Chlorella*, rica em vitaminas A, B, C e E, é recomendada para a pele sensível.
- A alga parda ***kelp*** (*Ascophyllum nodosum*), com sua abundância de elementos-traços, sais minerais e aminoácidos, é excelente para reforçar o tecido conjuntivo.
- Devido ao seu teor de vitamina F, a ***Dunaliella***, uma alga verde unicelular, impede o ressecamento e a formação de rugas. Além disso, com sua riqueza em beta-caroteno, presta bons serviços à vista, fortalece o sistema imunológico e é usada como antioxidante.
- O ***Fucus vesiculosus***, uma alga parda rica em vitamina C e iodo, estimula a produção de colágeno. É valiosíssima a sua propriedade de fortalecer os vasos sangüíneos e de impedir a retenção de líquido nos tecidos.
- Um papel importantíssimo cabe também à ***Spirulina***, uma alga azul encontrada unicamente nos lagos de água fortemente alcalina das regiões subtropicais da Ásia, da África e do México. Há quinhentos anos, os conquistadores espanhóis observaram, entre os astecas, o vistoso bolinho verde-azulado ao qual os índios atribuíam um efeito fortificante. Em 1964, num mercado do Chade, descobriu-se um bolo igualmente verde-azulado e igualmente preparado com a alga *Spirulina*. Mas também à cosmética ela presta valiosos serviços: graças ao seu alto teor de vitaminas, elementos-traços e substâncias minerais, estimula a irrigação sangüínea da pele, o metabolismo e

regula a produção das glândulas sebáceas. Por esse motivo, também faz parte da composição dos xampus.

- A ***Laminaria digitata***, que cresce na água fria da Bretanha, apresenta uma grande quantidade de minerais, elementos-traços, aminoácidos e vitaminas, sendo também indicada na desintoxicação e no combate aos problemas vasculares. Na cosmética, torna agradáveis os cremes de liga, os géis e os dentifrícios.
- Para finalizar, falemos da "alface do mar", a ***Ulva lactuca***, uma alga verde que, na vazante, muitas vezes pode ser vista presa às rochas. É uma verdadeira bomba vitamínica, contém dez vezes mais vitamina C que uma laranja e o dobro da vitamina A do repolho. Além disso, deixa-se processar com muita facilidade. Os cosméticos com ela enriquecidos são extraordinariamente hidratantes e, por isso, têm um agradável efeito relaxante.

Algas de laboratório

Muito embora as algas sejam utilizadas tão diversificadamente quanto são encontradas na natureza, atualmente os cientistas franceses estão trabalhando no aprimoramento do efeito das substâncias nelas contidas. Para tanto, cultivam-nas em melhores condições naturais, por exemplo, em redomas de vidro e com uma radiação especial de luz; por outro lado, enriquecem a água acrescentando substâncias minerais, vitaminas e elementos-traços. A essa otimização, as plantas reagem com a produção de substâncias de altíssima qualidade. O biólogo marinho Daniel Jouvance designa o "aquaplâncton" obtido a partir das algas de laboratório como "o catalisador da renovação das células". Na sua opinião, esse material, combinado com outras substâncias ativas do mar, pode solucionar inúmeros problemas estéticos.

PRODUTOS PRONTOS À BASE DE ALGAS

Existem cosméticos de algas para todo tipo de pele e para qualquer idade. A seguir, apresentamos um apanhado dos produtos prontos, que são enumerados conforme o tipo de aplicação.

Os fabricantes desses produtos à base de algas garantem os seguintes resultados:

- Regeneração da cútis
- Diminuição das rugas
- Estiramento da pele
- Estímulo do metabolismo
- Estímulo da irrigação sangüínea
- Proteção contra as impurezas
- Melhora da pele com tendência a impurezas

Limpeza de pele

- Sabonete de *peeling* à base de algas
- Creme de *peeling*
- Gel para limpeza de pele
- Loção após a limpeza
- Banhos de algas e complexo marinho para, por exemplo, estimular o metabolismo nos casos de tensão muscular e doenças reumáticas

- Óleo aromático de banho
- Banho talassomedicinal
- Ducha de alga
- Banho de lixívia

Tratamento de pele

- Gel de algas
- Cremes para o dia e para a noite
- Preparados anti-rugas para o dia e, especialmente, para a noite, com e sem lipossomas, emplastro anti-rugas
- Tratamento com ampolas
- Cremes e leite especiais para o corpo para alisar e estirar a pele, assim como para revitalizar o tecido conjuntivo
- Máscaras especiais para a limpeza, o estiramento, o relaxamento e a regeneração da pele do rosto, e para os casos de *couperose*
- Cremes para as mãos
- Cremes para os seios
- Produtos para o tratamento da acne na forma de loções, cremes para o dia e para a noite, assim como máscaras
- Produtos para o tratamento contra o sol
- Produtos para estimular a pele em forma de cremes ou géis

Tratamento do cabelo

- Xampus
- Bálsamo para o cabelo (cura)
- Loção para o couro cabeludo seco ou oleoso
- Cápsulas para a regeneração da raiz e o combate à queda do cabelo, bandagem de algas para o couro cabeludo oleoso e para a regeneração do cabelo comprido

Bandagem com pó de algas

- Thalasso-Plus-Professionell
- Mistura de pó de *nori*
- Mistura de pó de fuco
- Bandagem de algas frescas
- Suco de células de alga

Ampolas de algas

- Coquetel de alga C
- Coquetel de alga fuco
- Coquetel de alga com sal de magnésio
- Coquetel de alga para o cabelo e as unhas
- Coquetel de alga para a digestão
- Coquetel de alga para a limpeza da pele
- Coquetel de alga para a drenagem

Outros preparados

- Chá medicinal de algas (complementar do tratamento da celulite)
- Óleo de algas para melhorar a circulação nas pernas.

O USO DOS PREPARADOS PRONTOS

Banhos e duchas

Para desfrutar esse prazer, você pode escolher entre diversos produtos, fazer sua própria mistura ou combinar as duas coisas. Por exemplo, estão à sua disposição:

- Banhos com algas frescas ou secas e
- Banhos com pó de algas (à venda em lojas de artigos naturais ou perfumarias).

Coloque duas colheres de sopa do produto na água do banho. Cuide para que a temperatura da água favoreça o efeito: a 35/36°C, o banho de algas tem efeito revigorante; a 37/38°C, relaxante; e a 39°C, pode, em certas circunstâncias, reduzir o peso. A imersão não deve durar mais de quinze minutos. O efeito das algas se intensificará se, após o banho, em vez de se enxugar, você se enrolar numa toalha ou vestir o roupão e descansar mais quinze minutos.

IMPORTANTE

Esses banhos quentes de algas são de tal modo fatigantes que só se recomendam a pessoas com circulação absolutamente estável e sem nenhum problema tireóideo. Por segurança, consulte antes o seu médico.

Banhos com sachês de algas

É possível comprar os sachês já prontos e colocá-los na água do banho **sem abri-los**. Há a vantagem adicional de que, durante o banho, alguém pode lhe massagear as regiões problemáticas.

Banhos com extrato de algas

O extrato de algas existe em forma de tabletes ou de loção. Coloque-o em quantidade moderada na água. Tampouco esse banho deve demorar muito: não ultrapasse os quinze minutos. Exclua outros produtos, como o sabonete. Eles podem reduzir ou mesmo neutralizar o efeito do extrato.

Banho de algas e sal marinho

Coloque quatro colheres de sopa desse sal de banho com concentrado de algas frescas na água, cuja temperatura não deve exceder os 35ºC, e relaxe durante aproximadamente quinze minutos na banheira. Depois descanse outros quinze minutos.

> **DICA**
>
> Antes de escoar a água do banho, retire as folhas de algas a fim de evitar entupimento. Além disso, elas podem ser reutilizadas várias vezes antes de perder o efeito.

Banho de algas frescas

Para completar, mencionamos ainda o banho de algas frescas. Não se coloca nenhum produto acabado na água, apenas folhas de algas secas ou — se estiverem à venda na peixaria — frescas.

Esse banho é recomendável a quem não quer ir à sauna ou não a tolera e, mesmo assim, deseja desintoxicar-se.

Para tanto, coloque duas ou três colheres de folhas de algas na água a 37ºC. O banho deve durar entre trinta e 45 minutos a temperatura constante: faça-o de preferência à noite, antes de ir dormir.

Banho de chuveiro com produtos à base de algas

Também no chuveiro as algas exercem o seu efeito agradável. Para isso, existem as duchas com preparados de algas. Você também pode adquirir o chuveiro especial, desenvolvido por Daniel Jouvance, que tem um compartimento para os tabletes. Estes são oferecidos em duas composições: com potássio, para relaxar, e com magnésio, para energizar.

Bandagens para o corpo

Quem gosta de sentir na pele as úmidas folhas de alga pode colocá-las diretamente nas regiões afetadas do corpo, envolvê-las num plástico e aquecê-las com uma manta ou uma bolsa de água quente. Com essa bandagem no corpo todo ou em parte dele, deite-se e relaxe uns quinze minutos, depois tome um banho morno de chuveiro.

Tanto para o corpo inteiro como para partes isoladas, recomenda-se a bandagem com pasta de pó de algas. Misture o pó com água morna, conforme as indicações da embalagem, formando uma pasta que será espalhada em todo o corpo ou só nas regiões afetadas. Envolva num plástico as partes tratadas e cubra-as bem. Depois de cerca de vinte minutos, remova a pasta sob o chuveiro; essas bandagens ativam e estiram a pele.

Se quiser aumentar ainda mais o efeito, limpe antes o corpo com um creme de limpeza à base de algas marinhas. Ele remove as partículas de pele morta e suaviza a aspereza dos cotovelos ou dos joelhos, acentuando o efeito da pasta.

DICA

Para um efeito especialmente intenso das substâncias ativas das algas, os especialistas recomendam não colocar os produtos à base de algas frescas na água do banho, e sim aplicá-los diretamente na pele. Depois de esfregá-lo bem no corpo, entre na banheira: o produto se dissolverá na água morna.

Algas contra a celulite

Como já se mencionou, o problema da celulite incomoda muitas mulheres, porém pode ser atacado com as substâncias ativas das algas, que estimulam o metabolismo e remineralizam o tecido conjuntivo. O tratamento é interno e externo. Graças à biotecnologia moderna, as substâncias ativas são repartidas em moléculas tão minúsculas que conseguem penetrar o tecido da celulite.

- Recomenda-se o uso do sabonete de *peeling* de algas uma a duas vezes por semana;
- Depois do banho de chuveiro ou de imersão com extrato de algas e após a bandagem, uma massagem com um gel de algas faz muito bem.
- Como complemento interno, recomenda-se tomar diariamente três cápsulas de algas com as substâncias correspondentes e, além disso, chá de algas.
- Já está claramente comprovado que o sucesso no tratamento da celulite requer muita paciência, disciplina e determinação — principalmente no que se refere à alimentação e às atividades esportivas.

COSMÉTICOS DE ALGAS FEITOS EM CASA

Se, apesar da variadíssima oferta de produtos prontos, você tiver vontade de preparar a sua própria mistura, eis algumas sugestões:

Acessórios para o banho

Deixe, durante quinze minutos, duas xícaras de alga *hijiki* de molho numa panela com oito xícaras de água. A seguir, cozinhe a alga em fogo brando durante meia hora. Recolha essa água e misture-a com a da banheira. Depois do banho, esfregue a pele com o seu óleo predileto.

Aproveite as algas cozidas para fazer uma salada ou preparar uma guarnição de legumes.

Máscaras faciais

Costuma-se recomendar um determinado tempo de aplicação para que as máscaras surtam efeito, mas tal orientação não precisa ser seguida à risca. Sobretudo quando se trata de

IMPORTANTE

1. Se, ao preparar o seu próprio cosmético com algas marinhas ou mesmo de água doce, você as regar com uma boa quantidade de água fervente, fica muito reduzido o teor de germes das plantas.
2. Batendo no liqüidificador as algas que ficaram de molho, obtém-se uma massa homogênea muito útil no preparo de cremes, máscaras, loções etc.

algas, a pele pode reagir mais depressa ou mais intensamente, de modo que o melhor é você experimentar até determinar o seu tempo ideal.

Uma vez seca, a máscara deve sempre ser retirada com cuidado, sem esfregar e com muita água para evitar a irritação da pele.

Máscara para a pele impura

A terra medicinal (nas farmácias) e o pó de algas (produto pronto) devem ser misturados com água, em iguais proporções, até formar uma pasta. Acrescente água aos poucos, em pequenas quantidades, para que a pasta não encaroce. Aplique a pasta no rosto, deixando livre um bom espaço ao redor dos olhos. Após aproximadamente quinze minutos, lave a massa com água morna, removendo-a completamente. Por fim, trate da cútis com os produtos habituais.

Máscara para a pele normal

Misture com água duas a três colheres de sopa de pó de algas ou um cubo de algas triturado (produto pronto com as substâncias ativas da *Spirulina* ou da *Chlorella*). Junte água em pequenas quantidades até que a massa fique lisa e homogênea. Aplique a pasta no rosto, exceto na região dos olhos. Quando estiver seca, remova-a com água morna abundante. Essa máscara também é indicada para o pescoço e o colo.

Aplica-se a máscara de maionese e algas com uma espátula

Se você quiser prolongar o efeito do produto de algas, acrescente algumas gotas de azeite à pasta. Com isso a substância endurece mais lentamente e age por mais tempo. Também é possível aromatizar a máscara com algumas gotas de um óleo etéreo, como o de menta ou de lavanda: o melhor é provar as misturas até encontrar a que lhe proporciona maior bem-estar.

Máscara para a pele seca e sensível

Misture algumas colheres de sopa de maionese (produto pronto) com duas ou três colheres de sopa de pó de algas. Naturalmente, você mesma pode preparar a maionese com uma gema e um pouco de óleo (misturando-o gota a gota com a gema). Acrescente à mistura um pouco de suco de limão fresco e sal, o que torna a pele especialmente macia.

Aplique a pasta no rosto, deixando um bom espaço livre ao redor dos olhos. Depois de quinze minutos, retire-a enxaguando o rosto com água morna abundante.

Máscara para a pele madura

Misture três colheres de sopa de coalhada seca com uma colher de chá de mel — de preferência líquido — e duas gotas do óleo etéreo da sua preferência até obter uma massa homogênea. Acrescente duas colheres de sopa de pó de algas. Aplique essa massa de coalhada no rosto, deixando livre a região dos olhos. Após quinze minutos, remova-a com muita água morna.

As máscaras de Mireille Jochum-Guillou

A conhecida cosmetóloga Mireille Jochum-Guillou recomenda as seguintes máscaras para o rosto, o pescoço, o colo e as mãos:

- Pasta de algas frescas para regenerar a pele e combater as rugas,
- produtos de sedimentos marinhos para um *peeling* leve da pele oleosa e impura,

- geléia de algas para a recuperação da elasticidade nos casos de irrigação sangüínea deficiente: por exemplo, a pele dos fumantes,
- pó de alga *nori* sobretudo para a pele sensível,
- máscaras de alginato para acelerar a cicatrização dos ferimentos.

AS ALGAS COMO COMPLEMENTO ALIMENTAR

O funcionamento ideal do organismo humano requer diversos elementos que, por sua vez, precisam estar disponíveis em diferentes quantidades. A verdade é que a própria alimentação deveria bastar para satisfazer a nossa necessidade diária desses elementos; no entanto, parte do solo intensivamente explorado pela agricultura está lixiviada ou sobrecarregada de elementos do típico fertilizante mineral (cálcio, potássio, fósforo e nitrogênio). Em compensação, faltam outras importantes substâncias minerais e elementos-traços.

Mas, além do cultivo industrial, o processamento na fábrica — a purificação, o enriquecimento e a conservação — altera cada vez mais as propriedades naturais dos alimentos. Os produtos finais podem ser saborosos e suculentos, porém muitas vezes já não fornecem todos os nutrientes necessários. O desequilíbrio e a desproporção na dieta têm por conseqüência o desequilíbrio e a desproporção no corpo. Os resultados da moderna pesquisa da alimentação mostram que uma grande parte das doenças atuais, também conhecidas como moléstias da civilização, são condicionadas pela dieta: por exemplo, as enfermidades reumáticas, as metabólicas, as vasculares, a debilitação do sistema imunológico, as alergias, a enxaqueca e as depressões. Uma das causas principais é a grande quantidade de alimentos desnaturados, pobres em substâncias vitais. Hipócrates de Cós, o médico mais famoso de sua época, explicou claramente há dois mil anos: "As doenças não caem do céu, desenvolvem-se a partir dos pecados cotidianos contra a natureza. Aparentemente, quando estes se tornam freqüentes, aquelas irrompem de uma hora para outra".

Simultaneamente ao tratamento dos sintomas, também devemos empreender uma alteração fundamental na dieta, planejando uma alimentação nutritiva ou recorrendo a complementos alimentares ricos em substâncias vitais. Aqui se incluem as algas, devido à sua enorme riqueza em vitaminas, elementos-traços e minerais.

Algas contra a carência de iodo

Já se mencionou que foram justamente as algas que permitiram ao homem descobrir esse mineral: na cinza das algas detectou-se uma concentração dos elementos bromo e iodo vinte mil vezes mais intensa que na água do mar. O fabricante francês de soda e sabão Bernard Courtois constatou acidentalmente que, após o trabalho com a cinza das algas, sua caldeira de cobre ficava sempre muito mais desgastada; isso conduziu à descoberta do iodo em 1811. Desde então, passou-se a utilizar cada vez mais as algas na produção de iodo e bromo. Este, como se sabe, tem um papel importante como calmante. Na Alemanha — como se explicitou acima —, reina uma carência crônica de iodo. Como tem uma grande importância nas algas em particular, este elemento-traço vai nos servir uma vez mais de tema.

A carência de iodo pode levar ao crescimento patológico da tireóide, com conseqüências secundárias no conjunto do organismo. Na nossa dieta atual, oitenta por cento do abastecimento de sal vem diretamente da ingestão de queijos, embutidos e produtos prontos ou semiprontos. Contudo, apenas cinco por cento dos fabricantes e 43 por cento dos lares utilizam sal iodado.

As algas marinhas apresentam quantidades variadas de iodo. Elas têm condições de absorver o iodo mineral do mar e armazená-lo organicamente. A técnica moderna permite ao homem aproveitar tal depósito, tanto que existem inúmeros produtos enriquecidos com esse importantíssimo complemento alimentar.

Na Alemanha, os complementos alimentares estão sujeitos à Lei da Alimentação e são controlados e testados pelas autoridades estaduais.

Dois importantes fornecedores de iodo

O ***Ascophyllum nodosum*** é uma alga parda que cresce no limpo Mar do Norte. Tem papel importante no tratamento da carência iódica. Deve ser aproveitada até 48 horas após a colheita, do contrário perde a valiosa substância ativa. Suas paredes celulares são abertas mediante um procedimento especial (extração do citofiltrado) e, por um resfriamento também especial, são pulverizadas em partículas microscópicas. Graças a esse método, as substâncias ativas são conservadas e podem ser utilizadas pelo homem, por exemplo, na forma de cápsulas.

A alga microscópica ***Spirulina***, de cor verde-azulada e riquíssima em substâncias ativas, também é um excelente complemento alimentar. Cultivada com muito sucesso em Taiwan, apresenta qualidade ainda superior à da que cresce espontaneamente, de modo que os mais famosos fabricantes de produtos à base de *Spirulina* passaram a processá-la pelos métodos mais modernos.

A *Spirulina* é um complemento alimentar ideal. De fácil digestão, oferece todos os aminoácidos, muitas vitaminas, substâncias minerais e também micronutrientes. É particularmente interessante o fato de ela também absorver o elemento-traço selênio, transferindo-o ao metabolismo como substância natural macromolecular.

A *Spirulina* tem paredes celulares de mucopolissacarídeos, fáceis de abrir. Para tanto, basta a mera dessecação, não sendo necessário nenhum procedimento especial, como é o caso, por exemplo, do *Ascophyllum nodosum* (uma alga parda).

Ela contém naturalmente os seguintes componentes importantes para o organismo humano:

- clorofila (energia vegetal armazenada),
- beta-caroteno (primeiro grau da vitamina A),
- vitaminas do complexo B, inclusive a B_{12},
- vitamina E,
- ácido gama-linoleico, um ácido graxo essencial, que o nosso corpo necessita mas não produz,
- um pronunciado perfil de aminoácidos,
- uma grande diversidade de substâncias minerais e elementos-traços.

Tudo o que o organismo precisa

Outros tipos de algas também se caracterizam pela concentração e o elevado teor de componentes de importância vital para o organismo humano.

A *Chlorella*, uma alga microscópica verde de água doce, cresce espontaneamente nos rios e em suas margens e também é cultivada na água pura dos mananciais. É uma das formas de vida mais antigas do planeta, e foi descoberta em 1890.

Desde 1950, os japoneses, embora especialistas em algas marinhas, pesquisam as possíveis funções da *Chlorella* na complementação alimentar. Nesse meio-tempo, ela passou a ter, tanto no Japão quanto nos Estados Unidos, um papel significativo nessa área, visto que contém de dois a três por cento de clorofila, dezenove aminoácidos, proteína vegetal, muitas vitaminas, entre as quais o beta-caroteno e as do complexo B, que, na alimentação, representam importantes fatores na decomposição dos aminoácidos e dos ácidos graxos essenciais. Com os métodos modernos, é possível abrir suas paredes celulares de celulose — coisa praticamente "impossível" para o aparelho digestivo humano —, de modo que o nosso organismo tenha acesso aos seus valiosos nutrientes. Ao mesmo tempo, as partes de celulose servem de lastro.

A *Klamath* é uma alga microscópica verde-azulada de água doce também conhecida como *Afa*. Seu lugar de origem é o Lago Klamath, no estado norte-americano do Oregon. Esse lago é alimentado por inúmeras fontes cristalinas que lhe enriquecem as águas com uma grande variedade de minerais e elementos-traços oriundos de rochas vulcânicas. O especial nessa alga são suas paredes celulares de proteínas. Facilmente digeríveis pelo homem, podem ser amplamente empregadas.

A alga *Klamath* contém: sessenta por cento de proteínas vegetais, todos os aminoácidos essenciais, carboidrato, lipídios, enzimas, clorofila, assim como muitas vitaminas raras. É preparada com a ajuda da dessecação por resfriamento, que garante a conservação das substâncias vitais.

DICA

A alga *Klamath* é o ingrediente ideal das bebidas fortificantes. Costuma ser oferecida em pó ou em cubos.

Conforme declaram os seus adeptos, sua ingestão aumenta a vitalidade física e mental, fortalece o sistema imunológico, combate as doenças e melhora o desempenho em geral. A quem estiver interessado nos relatos das experiências dos adeptos dessa alga, recomenda-se a leitura do livro *Blaugrüne Algen* [Algas verdes-azuladas]. Nele, o autor, Christian Salvesen, também discute a opinião segundo a qual as algas são tóxicas. De acordo com os mais recentes e competentes estudos do ramo, a *Klamath*, do grupo *Afa*, não é venenosa.

IMPORTANTE

Os complementos alimentares à base de algas não devem, de modo algum, substituir os medicamentos modernos nem são indicados no tratamento direto de doenças agudas. A sua força reside, isto sim, no efeito lento, suave e duradouro das valiosas substâncias que os constituem.

Coquetéis e chás de algas – feitos em casa

Os cubos, as cápsulas, as ampolas ou os chás, todos produtos prontos, são de fácil acesso e prestam bons serviços na complementação alimentar. Mas, quem gosta de variar, prepara pessoalmente sua bebida medicinal; é muito rápido e mais gostoso.

COQUETÉIS E CHÁS DE ALGAS

Vitamina de algas "bom-dia"

suco recém-espremido de 2 ou 3 laranjas
2 bananas bem maduras
5 tâmaras sem caroços
1 colher de chá bem cheia de pó ou flocos de algas.

Bata no liqüidificador o suco com as bananas e acrescente as tâmaras e o pó de algas.

VARIANTE
No lugar das tâmaras, você pode colocar figos e, em vez de suco de laranja, qualquer outro suco da sua preferência. Em todo caso, ele deve ser bem fresco para garantir as substâncias vitais.

Suco de legumes e algas

Suco de cenoura (de preferência fresco)
Suco de maçã
1 colher de chá de pó de algas

Misture os sucos de cenoura e de maçã na proporção 1:2.

Acrescente a cerca de 250 ml dessa mistura uma colher de chá de pó de algas e mexa bem.

DICA

O suco de legumes e algas é indicado em curas de mais de quatro semanas. Com a ajuda dos cubos de *Chlorella*, pode-se preparar uma série de bebidas de coloração verde e, ao mesmo tempo, acrescentar-lhes valiosos minerais.

Coquetel verde sem álcool

2 cubos de *Chlorella*
500 ml de Ginger Ale
Suco de 1/2 limão

Triture os cubos de *Chlorella* e bata com os outros ingredientes. Mexa uma vez mais a bebida antes de servir.

Coquetel verde de champanhe

2 cubos de *Chlorella*
1 cálice pequeno de vermute branco
1 colher de sopa de suco de limão
350 ml de champanhe seco

Triture os cubos de *Chlorella*, misture com o vermute e o suco de limão e acrescente o champanhe bem gelado. Sirva o coquetel verde imediatamente e bem gelado.

Leite de amêndoas e algas

50 g de amêndoas doces descascadas
água
1 colher de chá de pó de algas

Deixe as amêndoas de molho na água durante cerca de 24 horas. A seguir, bata as amêndoas com 500 ml da água em que ficaram de molho e acrescente o pó de algas.

Chá de algas contra a tosse

5 g de pó de *Agar-agar* (produto pronto)
1 litro de água

Cozinhe o pó na água durante 3 minutos.

Chá de algas para o intestino

5 g de *carrageen*
1 litro de água

Misture o pó com a água e cozinhe durante cerca de 3 minutos.

DICA
Em caso de diarréia ou prisão de ventre, tome 1 a 3 litros de chá de algas para o intestino.

AS ALGAS E SEU PODER MEDICINAL

O efeito medicinal das substâncias ativas das algas desdobram-se nos seguintes setores:

- Conforme o tipo, as algas servem para acelerar ou retardar a coagulação do sangue.
- Ajudam nos casos de prisão de ventre crônica.
- São empregadas para baixar a pressão.
- Auxiliam a baixar as taxas de colesterol.
- São úteis no combate à acidez estomacal.
- Têm um papel essencial na filtragem dos metais pesados dos sucos gástricos.
- Possibilitam a confecção de compressas de alginato sem fibras que, pouco a pouco, se transformam em gel na região da ferida. A umidade duradoura acelera o processo de cura.

Muitas das propriedades acima citadas são utilizadas há milênios pela medicina de certas culturas. Diz a tradição que há séculos os chineses usam as algas como medicamento. Segundo as receitas hindus, os enfermos de bócio são tratados com uma alga rica em iodo. Mas também na área do Mediterrâneo elas são utilizadas como remédio contra determinadas moléstias: Plínio, o Velho, autor da abrangente *História Natural*, recomendava-as contra a gota; outros as empregavam contra as queimaduras e escoriações, contra a diarréia, a gastrite e os vermes intestinais.

Contra os metais pesados no organismo

São bem conhecidos os problemas provocados pela poluição do meio ambiente provocada pela indústria, o tráfego e diversos outros fatores. Os resíduos de muitos metais pesados, como o mercúrio, o cobre, o cádmio etc., comprometem o nosso metabolismo. Mediante o ácido algínico e os alginatos, as algas têm a capacidade de proteger seus núcleos celulares contra efeitos estranhos indesejáveis. As toxinas ficam presas na adesiva parede celular e são "quelatizadas". Com a ingestão de certos preparados de algas (por exemplo, do *Ascophyllum nodosum*), também no homem os metais pesados e as substâncias nocivas podem ser quelatizados, isto é, o alginato envolve a matéria nociva numa estrutura anular. Insolúvel em água, esta é simplesmente eliminada pelo intestino grosso.

Os cientistas canadenses provaram que os ácidos galvânico e algínico das algas pardas impedem a absorção do estrôncio 90, radioativo. Ademais, contribuem para a eliminação dos isótopos radioativos já absorvidos. O mesmo vale para o iodo 131, prejudicial à tireóide humana.

Contra a carga radioativa

Usa-se a alga *Spirulina platensis* e a variante especial da *Spirulina* com elevado teor de selênio em crianças obrigadas a conviver com uma carga radioativa crônica. Cerca de 95 por cento das crianças criadas nas cercanias de Chernobil apresentaram, entre os 10 e os 16 anos de idade, problemas como doenças do aparelho digestivo, alergias e distúrbios do sistema nervoso.

Entre outubro de 1996 e março de 1997, a Clínica do Instituto de Pesquisas Científicas de Radiologia de Minsk, na Rússia Branca, realizou estudos cujos resultados comprovam que um complemento alimentar com *Spirulina platensis* melhora a eliminação de substâncias radioativas, tem efeitos positivos sobre os parâmetros sangüíneos e imunológicos, além de ativar a resposta imunológica da região do estômago e dos intestinos.

As Algas no Cardápio

ENRIQUECENDO A ALIMENTAÇÃO

Por mais convencida que esteja das muitas e excelentes propriedades das algas, é bem possível que você estranhe a idéia de comê-las. Para começar, simplesmente leve em conta que há anos já — ou talvez décadas — você come algas diariamente: nos sorvetes, no chocolate, nas sopas instantâneas etc. Em todos esses casos, elas são processadas e utilizadas com muito sucesso pela indústria de alimentos, como espessantes e conservantes.

Devido ao elevado teor protéico, as algas são um alimento de grande interesse para os vegetarianos, por exemplo; além disso, representam uma variante alimentar muito recomendável aos que têm excesso de peso. Por que não experimentar pelo menos uma vez esse legume ou verdura do mar? Como se sabe, os japoneses e outros asiáticos apreciam as algas há muito tempo, e elas fazem parte da dieta de várias regiões costeiras da Europa: por exemplo, Gales, a Irlanda, a Escócia, a Noruega e também o Mediterrâneo.

Via de regra, só a cozinha dos habitantes do litoral tem acesso às algas frescas. Não nos resta senão contentarmo-nos com as poucas algas frescas oferecidas pelas peixarias e, naturalmente, com as secas. Hoje em dia, a *nori*, a *kumbu* e a *wakamé* são cultivadas em algumas regiões do Japão, e, como além de cultivá-las, os japoneses se encarregam de colher, processar, embelezar, embalar e exportam diversos tipos de algas, o comércio nos oferece algas com todas as suas substâncias vitais.

DICA

É melhor guardar as algas secas num saco de papel: nos de plástico elas apodrecem com facilidade. Um *tupperware* bem fechado também é adequado.

Deixadas de molho, as algas secas absorvem bem a água, de modo que rendem muito. Além disso, as de boa qualidade recuperam a aparência, o cheiro e o sabor de frescas.

As algas frescas contêm entre oitenta e noventa por cento de água; as secas, de dez a vinte por cento; em compensação, têm cinqüenta por cento de carboidrato, de sete a 38 por cento (de seu peso quando seca) de minerais, de sete a 35 por cento de proteína (a *nori*).

São as seguintes as algas — separadas por grupos — oferecidas como alimento ou utilizadas como ingrediente:

Algas verdes

Nori: serve de revestimento do *sushi*; é oferecida em flocos, para as saladas, e crua, como verdura.
***Nori* verde**: Encontra-se nos espessantes e nos condimentos. A alface do mar é oferecida em forma de flocos para salada e também como salgadinho.

Algas pardas

Aramé: esta alga de sabor suave é ótima para os iniciantes! Após a colheita, costuma ser cortada em tiras, seca ao ar livre e empregada em sopas, molhos e saladas.
Hijiki: depois de colhida, seca ao vento. Tem gosto muito forte. Quando cozida em sopas ou ensopados, as pequenas folhas se separam e a haste desaparece.
Kombu*, também conhecida como *kelp: é preparada como legume e, nas sopas, utilizada principalmente para reforçar o sabor.

É um prato clássico das cozinhas japonesa e chinesa. Os japoneses condimentam com ela o arroz do *sushi* e o caldo *dashi*.
Palma do mar: serve para reforçar o sabor e também pode ser adquirida em crocantes lâminas torradas que são para "amolecer" ou ainda moídas como tempero.
Laminaria: na Europa, este tipo especial de *kelp* é comido como legume.
Wakamé: sendo a planta predileta dos japoneses, é cultivada em toda parte. Após a colheita, suas folhas são penduradas para secar. Para o preparo de alimentos, precisam ficar de molho, ocasião em que adquirem uma bela cor verde. É usada em sopas, guarnições e saladas, e também para reforçar o sabor do feijão.

Algas vermelhas

Agar-agar: depois da colheita, esta alga é lavada, seca nas rochas e embranquecida. Costuma ser usada na fabricação de gelatina; também serve de emulsificador e estabilizador, por exemplo, nos sorvetes, xaropes, queijos etc.
Dulse: pode-se comer cozida no vapor, como legume ou ingrediente de sopa; crua, como salada, e, quando seca, frita em óleo. Cozida, esta alga endurece um pouco e fica mais firme para morder e mastigar. Na Europa, é utilizada há séculos na alimentação.
Carrageen: funciona como espessante.
Nori, Laver: são oferecidas secas, como folhas para o *sushi*; em flocos, como tempero de salada; e também podem ser consumidas cruas, como verdura.

Nas próximas páginas, apresentamos algumas receitas (sempre para quatro pessoas), nas quais as algas, devido ao sabor forte e muito próprio, são empregadas com moderação. Destinam-se principalmente ao "iniciante", que terá a possibilidade de lhes provar o sabor característico.

RECEITAS DE ALGAS PARA INICIANTES

Sopa de legumes com algas

100 g de macarrão parafuso
500 g de cenouras
1/2 repolho
2 batatas
1 maço de cebolinha
1 salsão
1 maço de couve
500 g de ervilha
1 abobrinha
3 a 4 tomates maduros
sal
tempero fresco
1 maço de *wakamé*

1. Cozinhe o macarrão em água salgada, conforme o procedimento habitual, e ponha para escorrer.
2. Lave, limpe e pique os legumes.
3. Coloque numa panela, cubra com água e deixe cozinhar — em fogo brando, mas sem deixar amolecer muito. Tempere com as ervas frescas e a alga. Despeje sobre o macarrão.

DICA

Se quiser engrossar a sopa, amasse ou peneire a cenoura, o salsão e as batatas. Esta sopa é excelente para quem pretende "se iniciar" nos pratos com algas, pois a pequena quantidade de *wakamé* apenas acentua o aroma dos legumes, sem dominá-lo.

Coquetel de camarão

150 g de camarões frescos ou congelados
3 cenouras
1/2 maço de cebolinha
2 colheres de chá de alcaparras
2 colheres de chá de óleo de açafrão
5 g de algas secas
(picadas depois de ficar de molho ou trituradas)
as verduras da sua preferência

1. Se você tiver optado pelos camarões frescos, cozinhe durante alguns minutos e escorra bem numa peneira; limpe-os depois de frios. Do contrário, descongele os camarões e deixe escorrer bem. Enxugue-os com um pano de prato.
2. Limpe e rale as cenouras, pique a cebolinha e a alcaparra.
3. Misture o sal com o suco de limão, o molho da alcaparra e o óleo. A seguir, junte a cebolinha e a alcaparra. Acrescente as algas e os camarões.
4. Lave a verdura e espalhe as folhas num prato de vidro ou em taças individuais. Coloque por cima uma porção da mistura de camarões. Sirva com torradas.

Canapés de algas e ingredientes diversos

Escolha o pão da sua preferência: integral, preto, torrada... qualquer tipo serve. Enfeite-o com carne de porco, caviar, rabanete, tiras de pimentão, camarão, pedaços de truta defumada, rodelas de cebola ou tomate.

Acompanhamento de coalhada seca

100 g de coalhada seca
1 porção de alga seca ou em pó
1 colher de sopa de espinafre cozido
1 colher de sopa de cebola picada
manjericão e pimenta-do-reino
sal iodado
1 colher de sopa de óleo de açafrão

Colocar os ingredientes numa tigela e bater bem. Temperar uma vez mais a mistura.

Acompanhamento de atum

1 lata de atum em conserva
1 tomate pequeno
1 colher de sopa de cebola bem picada
1 pitada de pó de algas
sal iodado
azeite

1. Amasse bem o atum com o molho que vem na lata.
2. Descasque e pique o tomate; pique bem a cebola.
3. Acrescente os outros ingredientes a gosto e misture tudo.

Acompanhamento de ovos

3 ou 4 ovos cozidos, mas não muito duros
1 colher de sopa de cebolinha picada

1/2 cebola bem picada
4 azeitonas verdes bem picadas
azeite
sal
uma porção de alga picada ou em pó

1. Coloque as gemas numa tigela e amasse bem. Com uma faca, pique a clara em pedaços pequenos.
2. Acrescente a clara, a cebolinha, a cebola e as azeitonas e misture tudo com um pouco de azeite.
3. Tempere com sal e a alga.

Coquetel de salada de atum

Para a salada:
1 lata de atum em seu próprio molho
algumas folhas de alface ou de outra verdura da estação
um maço de rabanetes ou
4 ou 5 cenouras
2 tomates
1 pepino

1. Limpe e lave a verdura. Lave o rabanete e corte-o em fatias finas (ou limpe e rale as cenouras). Corte o tomate em cunhas, e o pepino, em fatias.

Para o molho da salada
1 porção de alga seca ou em pó
óleo de açafrão
ervas frescas picadas à sua escolha (salsinha, cebolinha etc.)
sal
um pouco de suco de limão

2. Deixe a alga picada alguns minutos de molho no óleo; depois, misture os outros ingredientes e tempere a gosto.
3. Espalhe a verdura num prato grande ou numa saladeira, distribua o atum com o molho que vem na lata e regue tudo com o molho de salada.

Creme de abacate com algas

2 abacates bem maduros
1 dente de alho descascado
2 tomates sem pele
1 colher de chá de suco de limão ou lima
1 ou 2 colheres de chá de algas em pó ou em flocos

1. Corte os abacates ao meio e retire o caroço.
2. Bata no liqüidificador a polpa da fruta com o dente de alho, os tomates, o suco e a alga em pó.

DICA

Você pode passar o creme no pão ou enriquecer com ele saladas ou pratos com verduras.

Salada de coquetel de toranja (com maionese)

2 toranjas
2 gemas de ovo frescas
200 ml de óleo de girassol
1 colher de chá de suco de toranja
1 colher de sopa de vinagre especial
sal
pimenta-do-reino
se quiser, 2 colheres de sopa de coalhada seca

5 g de alga *wakamé*
2 bananas maduras, mas firmes
250 g de salmão defumado em fatias
1/2 escarola

1. Corte as toranjas pela metade e, com uma colher especial ou uma faca afiada, retire toda a polpa. Reserve a fruta e a casca.
2. Bata as gemas numa tigela, acrescentando o óleo aos poucos. Tempere a maionese com o suco de toranja, mostarda, sal e pimenta-do-reino e, se quiser, aumente-lhe o volume com a coalhada seca.
3. Afervente a alga e escorra-a numa peneira.
4. Corte a polpa da toranja em pedaços bem pequenos, fatie a banana, corte em tiras o salmão e a escarola. Pique a alga. Misture todos os ingredientes e tempere tudo com um pouco de pimenta-do-reino e sal.
5. Misture com cuidado a maionese com a salada e coloque-a nas cascas. Guarde na geladeira.
6. Antes de servir, decore com uma folha de erva-cidreira.

Você pode servir este coquetel fresco acompanhado de torradas com manteiga de algas.

Salada de cenoura com salmão

<u>Para a salada</u>
100 g de salmão defumado em fatias
4 cenouras grandes raladas
cebolinha picada
umas seis folhas de escarola

<u>Para o molho da salada</u>:
1 pitada de alga em pó ou o conteúdo de uma cápsula de algas
óleo de açafrão

sal
vinagre a gosto

1. Corte o salmão em tiras finas e curtas, rale a cenoura e pique a cebolinha.
2. Lave a escarola, deixe escorrer e, depois, corte-a em tiras finas. Misture tudo.
3. Prepare um molho com o pó de algas, o óleo, o sal e o vinagre; tempere com ele a salada e deixe algum tempo na geladeira.

Sirva com torradas.

Manteiga de algas com alho

125 g de manteiga
1 dente de alho fresco esmagado
1 colher de sopa de suco de limão
sal iodado
pimenta branca moída na hora
3 colheres de sopa de flocos de alga *dulse*

Coloque a manteiga num recipiente. Com uma batedeira, misture-a com o dente de alho esmagado, o suco de limão, o sal, a pimenta e os flocos de alga.

DICA

A manteiga de algas não é gostosa apenas na torrada; ela apura o sabor de qualquer peixe assado ou grelhado.

Arroz com algas (Variante 1: "Risoto de alga")

5 g de alga *wakamé*
50 g de manteiga
1 cebola pequena
200 g de arroz
350 ml de água
50 g de manteiga (depois de pronto)

1. Ponha a alga de molho, deixe escorrer e pique.
2. Derreta a manteiga numa panela. Descasque a cebola, pique e refogue na manteiga até dourar. Acrescente a alga.
3. Refogue a cebola com a alga durante cerca de dois minutos. Acrescente o arroz e misture bem. Junte a água, e quando ferver, tampe a panela, abaixe o fogo e espere acabar de cozinhar.
4. Espalhe pequenos cubos de manteiga sobre o arroz, sem mexer! Tampe a panela e deixe descansar por dez minutos.
5. Antes de servir, misture bem o arroz com um garfo. Este arroz de algas é um acompanhamento perfeito para peixe e carne.

Arroz com algas (Variante 2)

10 g de alga *hijiki*
1/2 folha de alga *nori* seca
250 g de arroz integral
sal

1. Deixe a *hijiki* de molho durante meia hora, escorra e corte em pedacinhos. Quebre a folha seca de *nori* em flocos.
2. Coloque o arroz numa panela com o dobro da quantidade de água, acrescente os pedaços e flocos de algas e sal a gosto. Tampe a panela e cozinhe o arroz até secar.

Sopa de peixe com algas

3 colheres de sopa de azeite
2 dentes de alho
2 cebolas grandes
500 ml de purê de tomate
250 ml de vinho branco seco
1 colher de chá de alga em pó (*wakamé* ou *aramé*)
sal
3 filés do peixe da sua preferência
200 g de camarão fresco ou congelado

1. Aqueça o azeite. Descasque os dentes de alho e as cebolas, pique tudo em cubinhos e refogue por alguns minutos no azeite. Acrescente o purê de tomate e o vinho branco e deixe cozinhar por mais alguns minutos.
2. Tempere com páprica, pó de alga e, se quiser, um pouco de sal.
3. Por fim, coloque com cuidado os filés e o camarão na sopa de tomate e deixe apurar. Não mexa a sopa depois de pronta.

Sopa de feijão com algas

200 g de feijão
1 colher de chá de alga seca (à sua escolha)
1 cebola grande
1 dente de alho
3 tomates maduros
1 talo de salsão
4 cenouras
sal
salsinha
pimenta-do-reino
75 g de carne-seca

1. Deixe o feijão de molho de véspera.
2. Depois de limpar e picar os legumes, ponha tudo numa panela. Acrescente o feijão, um pouco de salsinha picada, sal e pimenta-do-reino. Cubra tudo com água, leve ao fogo e espere que comece a ferver.
3. Acrescente a carne-seca e deixe cozinhar.
4. Retire a carne, corte-a em pedaços pequenos e devolva à panela. Quando a sopa estiver pronta, tempere-a uma vez mais, se necessário.

DICA

A alga não só dá um sabor especial à sopa, como torna os legumes mais facilmente digeríveis.

Mistura de legumes com algas

10 g de alga *aramé*
500 g de *champignon* fresco
1 ou 2 colheres de sopa de molho de soja
1 couve-flor
sal iodado

1. Lave a alga e deixe de molho, trocando a água várias vezes até eliminar toda a areia.
2. Ponha a alga, juntamente com a última água em que ficou de molho, numa panela e, quando a água estiver fervendo, tampe e deixe cozinhar em fogo brando.
3. Lave e limpe o *champignon*, acrescente-o à alga com o molho de soja e deixe cozinhar por dez minutos em fogo baixo.
4. Enquanto isso, separe a couve-flor em pequenos buquês e escalde em água salgada fervente durante cinco minutos; escorra numa peneira. Acrescente ao molho de *champignon* com alga e misture bem.

Essa mistura de legumes pode ser o prato principal ou a guarnição de um assado.

Espaguete com algas

250 g de espaguete
2 filés de anchova (em conserva)
1 dente de alho
1 alga fresca (à venda nas peixarias)
3 colheres de sopa de purê de tomate
1 colher de sopa de azeite

1. Leve o espaguete ao fogo para cozinhar em água salgada abundante até ficar *al dente*.
2. Enquanto isso, aqueça uma frigideira, junte as anchovas e amasse os filés com um garfo, deixe cozinhar durante aproximadamente dois minutos. Descasque o dente de alho, esmague com uma faca ou passe pelo espremedor e acrescente aos filés de anchova, assim como a alga moída, o purê de tomate e o azeite. A mistura não deve ferver.
3. Escorra o espaguete cozido, transfira para uma travessa e regue com o molho. Sirva imediatamente.

Talharim vegetariano

2 xícaras de alga *aramé*
2 colheres de sopa de azeite
2 dentes de alho
125 ml de vinho branco seco
1 xícara de azeitonas verdes sem caroço
400 g de tomate (em conserva)
1 colher de sopa de alcaparra
tomilho
2 colheres de chá de manjericão picado
300 g de talharim
sal

1. Lave a alga e deixe de molho até que o alho esteja refogado.
2. Aqueça o azeite numa frigideira e refogue o alho picado. Es-

corra a *aramé*, pique e refogue ligeiramente com o alho. Acrescente o vinho, tampe a frigideira e deixe cozinhar por cinco minutos.

3. Retire a tampa e deixe a água secar. Corte as azeitonas em fatias. Acrescente os tomates, as azeitonas e os temperos e deixe cozinhar por alguns minutos.
4. Cozinhe o talharim *al dente* em água salgada abundante, escorra e misture com o molho pronto.

Para terminar, mais dois doces ligados com extratos de algas de sabor totalmente neutro (por exemplo, *carrageen* ou *Agar-agar*). Você pode utilizar esses produtos, oferecidos em pó ou em flocos, em muitos pratos.

Panna cotta

250 ml de leite fresco
3 colheres de sopa de *Kanteen* (produto pronto)
200 g de açúcar
20 ml de marasquino
250 ml de creme de leite fresco

1. Dissolva o pó de alga no leite frio. Ferva-o numa panela e, mexendo sempre, deixe cozinhar durante três ou quatro minutos. Retire a panela do fogão e mexa sem parar até que a massa esfrie.
2. Depois de fria, junte o açúcar e o marasquino.
3. Bata bem o creme de leite e espalhe-o com cuidado sobre a massa quase fria.

DICA
Deixe a sobremesa descansar algum tempo para que fique mais firme.

Quark de toranja

125 g de *Quark*
suco de uma toranja
4 colheres de sopa de açúcar
1 colher de chá de *Kanteen* (em flocos)
3 colheres de sopa de leite
125 ml de creme de leite fresco

1. Bata bem o *Quark*, o suco e o açúcar usando o mixer.
2. Dissolva os flocos de alga no leite frio e, na panela, aqueça até ferver. Cozinhe durante dois minutos, mexendo sempre. Quando o leite estiver frio, acrescente-o à mistura de *Quark*.
3. Ponha o doce pronto num recipiente e leve à geladeira por umas duas horas para que fique bem firme.

Bibliografia

DALLA VIA, Gudrun — *Gesund und Schön durch Algen*. vgs-Verlag, 1997.

GICHON, M. — *Das tote Meer. Quelle der Gesundheit und Schönheit.*

HAEBERLEIN, S. e GOETERS, W. — *Grundlagen der Meeresheilkunde*. Georg Thieme Verlag, 1954.

HOLTMEIER, Hans-Jürgen — *Gesundheit aus dem Meer*. Verlag Molden — S. Seewald GmbH, 1983.

JOCHUM-GUILLOU, Mireille — *Gesundheit und Schönheit aus dem Meer*. Econ, 1998.

KIRST, Gunter e KREMER, Bruno — "Algen — neue Nutz- und Kulturpflantzen", *in Biologie der Meere. Spektrum der Wissenschaft*. Akademischer Verlag, 1991, pp. 198-209.

KLINGEL, Brigitta — *Algenküche*. Südwest, 1997.

OLSCHEWSKI, Albert — *Wassertherapie*. Kösel, 1997.

PRATZEL, Helmut e SCHNIZER, Wolfgang — *Handbuch der medizinischen Bäder*. Karl F. Haug, 1992.

PROBST, Karel J. — *Energieschub aus dem Meer.* Verlag fit fürs Leben, 1997.

REICHHOLF, Josef — *Steinbachs Biotopführer, Meere und Küsten*. Mosaik, 1990.

SALVESEN, Christian — *Blaugrüne Algen*. Verlag fit fürs Leben, 1997.

SCHNUR, Harald — "Die unzweifelhaft glücklichsten Tage meines Lebens", *in Heilbad & Kurort*, 9-10/1997, pp. 236-40.

SCHOLZ, Heinz — *Mineralstoffe und Spurenelemente*. Georg Thieme Verlag, 1996.

SCHUTT, Karin — *Wasser: Quelle für Schönheit und Wohlbefinden*. Gräfe und Unzer, 1997.

WILL, Reinhold D. — *Geheimnis Wasser*. Droemersche Verlagsanstalt, 1993.

WORMER, Eberhard — *Die Heilkraft des Salzes*. Südwest, 1995.